Liebe XING-KULTURMAGAZIN Leserinnen und Leser,

alle reden von Zukunft, doch irgendwie klingt das neuerdings anders. Anders als wir das im Laufe unserer Recherche zu dieser Ausgabe, *Es war einmal die Zukunft*, kennen gelernt haben. Inzwischen wurde die Gestaltung der Zukunft angenehm unkompliziert, nach all den vergangen Debatten und Streitereien ... Heute fahren wir einfach mit dem Fahrrad zum Shopping — zum *nachhaltigen* Shopping, versteht sich. Die Weltrettung als Shopping-Draufgabe, wenn das kein Fortschritt ist. So einfach wär's gewesen, lieber Robert Jungk.

Die Antworten auf komplexe Zukunftsszenarien sucht man nicht mehr in stetig komplexer werdenden Forschungsmethoden, sondern einfach in der Anhebung des gesellschaftlichen Infantilitätsgrades. Eine der wenigen zukunftsweisenden Erkenntnisse, die wir den Trendforschern verdanken.

Doch zurück zu diesem Heft: Mit einer Roadmap über *Haltepunkte einer äußerst kurzen Reise durch ein gestaltbares Morgen*, erlaube ich mir das Heft zu eröffnen. Die XING-KULTURMAGAZIN-Redaktion stellt sich dieser Herausforderung und portraitiert einen der originellsten Zukunftsdenker der 1960er Jahre, Bertrand de Jouvenel, um danach die Zukunftsforscher-Szene in den sowjetisch-dominierten Staaten zu skizzieren. Genossin Chiara Lorenzo aus dem Redaktions-Kollektiv hat sich dafür den Stachanow-Orden redlich verdient.

Zurück im mausgrauen Kapitalismus, wollten wir von Peter Weibel wissen, warum ausgerechnet ein gebürtiger Luxemburger, Hugo Gernsback, alles viel früher wusste. Dieser wollte bereits 1911 New York mit Solarstrom versorgen. Also: Entspannt Euch liebe „not in my backyard"-Nachhaltigkeits-Apologeten, die Problemlagen sind seit mehr als hundert Jahren bekannt.

Danach geht es im Heft aber ganz seriös weiter. Und zwar mit einem der interessantesten und originellsten Soziologen der deutschsprachigen Gegenwart: Ortwin Renn. Er zeigt, dass man auch *mit Sicherheit ins Ungewisse* kommen kann. Beruhigend, wie wir finden.

Simone Seyringer, Kulturwissenschaftlerin mit dem Forschungsschwerpunkt Neuroenhancement an der Universität Linz, lässt das Heft mit post-zerebralen Utopien ausklingen und erinnert uns daran, dass verhaltensauffällige Nerds erst seit Mitte der 1990er Jahre die Welt in Schach halten. Wo bleibt nur James Bond, der immer wusste was zu tun ist.

Abschließend erwärmt uns ein wunderbarer Cartoon die Herzen und Gedanken.

Bernhard Seyringer, Herausgeber

SPACE, SCIENCE & FICTION I

Vom Kanonenschuß zum Mond zum Space-Flight – Science Fiction und die Geschichte der Raumfahrt.

Visionäre Phase

Visionen von der Überwindung der Erdenschwere und dem Flug in die Himmelssphäre sind so alt wie die Literatur selbst. Als sich im neunzehnten Jahrhundert die Möglichkeit der Weltraumfahrt mit technischen Mitteln als Perspektive des wissenschaftlich-technischen Fortschritts abzeichnete, wandelte sich auch der Charakter der Weltraumreise-Erzählungen: von der gesellschaftsutopischen Satire zum technisch-utopischen Abenteuer. Dies zeigt sich zum Beispiel daran, dass Jules Verne sich von dem Mathematiker Henri Garcet (einem Verwandten) die für den Kanonenschuss zum Mond benötigten Daten berechnen ließ. Die Raumreise war nun nicht mehr ein beliebig zu imaginierendes Handlungsvehikel, sie rückte als Thema ins Zentrum der Aufmerksamkeit und wurde mit dem Anspruch der Wissenschaftlichkeit beschrieben. Allerdings blieb die Raumflug-Technik bis weit ins erste Drittel des zwanzigsten Jahrhunderts hinein phantastisch.

RAUMFAHRT
Theoretische Möglichkeit

SCIENCE FICTION
Frühe Raumfahrtdichtung:
- Utopien
- Popularisierung astronomischen Wissens
Raumfahrt als reales Ziel etwa ab Jules Verne

Pionierphase

Die Raumfahrtpioniere teilten das Schicksal aller Vorreiter neuer Ideen, sie wurden weitgehend ignoriert, bisweilen als Käuze und Spinner hingestellt, nur selten erhielten sie ein einigermaßen neutrales Podium.

Allerdings konnte die Science Fiction (SF) die Popularisierungsfunktion nur dann erfüllen, wenn sie sich nicht zu weit vom technisch Vorstellbaren entfernte. Erst nach dem Start von Sputnik I im Jahr 1957 entwickelte sich dann eine regelrechte Raumfahrt-Hysterie, die sich ihrerseits in der SF niederschlug.

RAUMFAHRT
Technische Möglichkeit ist bekannt, aber die Grenzen der Technik noch nicht; Noch kein Paradigmenwechsel

SCIENCE FICTION
- Verbreitung des Leitbildes unter den Experten
- Popularisierung und Fund Raising
- Forderung: wissenschaftliche Korrektheit

Durchsetzungsphase

Wenn die Vision zur Realität wird: Zukunftsliteratur und technische Entwicklung, die durch die gemeinsame Vision für eine kurze Zeit gekoppelt waren, haben sich wieder voneinander gelöst.

Auf eine grundlegende Weise setzte sich die Beziehung jedoch fort: Space Fiction als Promotor von Space Flight. Die NASA hat sehr wohl begriffen, dass in Zeiten schwindender Budgets Serien wie Star Trek Technikaufgeschlossenheit verbreiten und die Raumflugidee - gleich wie realistisch Warp-Antriebe und Beamen sind - im Bewusstsein der Öffentlichkeit wach halten. PR-Arbeit, wie sie von keiner Administration selbst betrieben werden könnte! Die NASA zollte der Serie ihre Anerkennung, als sie einer Bittschrift von Star-Trek-Fans mit 100.000 Unterschriften entsprechend, das erste Space Shuttle auf den Namen des Raumschiffs "Enterprise" taufte. Am 17. September 1976 fand das Roll-out des Shuttle unter den Klängen der Erkennungsmelodie der Serie und in Anwesenheit der Stars statt.

RAUMFAHRT
Technische Realisierung, Aufwand und Grenzen bekannt
Paradigmenwechsel: neue Technik wird state-of-art

SCIENCE FICTION
SF als PR, jedoch wachsende Abkopplung:
- "Literarisierung" der SF
- Technik für SF uninteressant
- Furcht der Experten vor Unseriosität der SF

nach *Karlheinz Steinmüller*: „Gestaltbare Zukünfte. Zukunftsforschung und Science Fiction", WerkstattBericht 13, Sekretariat für Zukunftsforschung, Gelsenkirchen, 1995, S 114ffA

AUTOREN

JANA HORVATH, MBA Tourism Management, studierte an der University of New York in Prag. Seit 2006 schreibt sie für XING.

CHIARA LORENZO absolvierte das Studium der Internationalen Beziehungen an der London School of Economics und ein Praktikum bei der UNESCO. Seit 2005 schreibt sie für XING.

ORTWIN RENN Professor für Umwelt und Techniksoziologie an der Universität Stuttgart sowie Direktor des Zentrums für Interdisziplinäre Risiko- und Innovationsforschung an der Universität Stuttgart

BERNHARD SEYRINGER Soziologe, Direktor von MRV (Media Research Vienna), Herausgeber von XING Kulturmagazin.

SIMONE SEYRINGER Mitarbeiterin am Institut für Pädagogik und Psychologie (Abteilung Sozial- und Wirtschaftspsychologie) der JKU, beschäftigt sich mit Neuroenhancement und Responsible Research (Forschungsprojekt: www.nerri.eu).

SCHWERPUNKT: ZUKUNFTSFORSCHUNG

SCHAUBILDER

Managementkompetenz für Kreative in St. Pölten

Mehr als jedes Zehnte Unternehmen in Österreich gehört mittlerweile der Kreativwirtschaft an. Dabei strahlt diese auch auf andere Branchen aus, weil sie spezifische Denkweisen etabliert, die dort vermehrt zu einer Erhöhung der Wertschöpfung beitragen. Kreative lernen beispielsweise „Out of the Box" zu denken, orientieren sich bei der Umsetzung von Ideen sehr stark an bestehenden Ressourcen und haben eine eigene Kultur der Kooperation.

- *Erhöhung der Wertschöpfung;*
- *„Out of the Box" denken;*
- *bestehende Ressourcen erkennen;*
- *Kultur der Kooperation nützen;*
- *neue Prozesse erfolgreich umsetzen;*

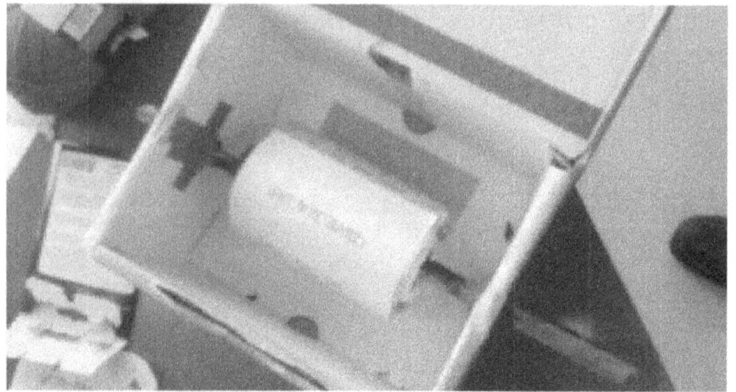

Neues MBA-Angebot:

- *Kreativ-, Kommunikations- & Medienwirtschaft;*
- *kreative Dienstleistungsangebote entwickeln;*
- *berufsbegleitend;*
- *Vertiefungsangebote;*
- *Design-Thinking;*

In diesen Entwicklungen ist auch die Intention der Fachhochschule St. Pölten zu sehen, einen bislang einzigartigen MBA-Lehrgang ab Herbst 2014 anzubieten. Dieser zielt darauf ab, dass ambitionierte Gründer aus der Kreativwirtschaft gemeinsam mit erfahrenen Managern aus unterschiedlichen Branchen zusammentreffen, um nicht nur Kompetenzen vermittelt zu bekommen, sondern sich auch auszutauschen und eventuell zu kooperieren.

LEHRGANG MIT TIEFGANG

Das neue Weiterbildungs-Angebot ist so konzipiert, dass es aufbauend auf einen Basislehrgang berufsbegleitend die Möglichkeit bietet, zwischen zwei Vertiefungen zu wählen: Manager aus unterschiedlichen Branchen eignen sich spezifische Methoden aus dem kreativen Bereich – wie etwa das Design Thinking – an, um Prozesse in der Unternehmensorganisation oder das Geschäftsmodell neu zu gestalten. Kreative Gründer holen sich jene Wirtschaftkompetenzen, die ihnen einen guten Start in die erfolgreiche Selbstständigkeit ermöglichen.

Innovative Ansätze des Design-Thinking stehen auf dem Programm des neuen MBA-Bildungsangebotes:

„Der spannende Mix in diesem einzigartigen MBA-Programm fördert das Entstehen neuer Kooperationen und Geschäftsideen unserer Teilnehmer. In unserer Wissensgesellschaft findet ein Großteil der Innovation dort statt, wo unterschiedliche Menschen und Ideen miteinander in Berührung kommen.“

Durch diese Lehrgangskombination wird ein reger Austausch zwischen den Studierenden angeregt, die erfahrungsgemäß sehr unterschiedliche Werdegänge und Berufsbiografien haben. „Dieser spannende Mix unterschiedlicher Teilnehmer kann dazu beitragen, dass neue Kooperationen, Geschäftsideen etc. entstehen. Denn in unserer Wissensgesellschaft findet ein Großteil der Innovation dort statt, wo unterschiedliche Disziplinen miteinander in Berührung kommen“, ist Lehrgangsleiter Thomas Duschlbauer vom Department für Medienwirtschaft überzeugt. „Wir wollten ein MBA-Angebot zum Thema ‚Kreatives Management‘ formulieren, das bereits durch den Aufbau und die Methodik etwas Innovatives darstellt.“

Der berufsbegleitende Akademische Fachhochschul-Lehrgang für Creative Management wird das Themenumfeld zunächst in einem breiten Kontext beleuchten und Grundlagenwissen vermitteln. Zu den Zielsetzungen zählt nicht nur das Erwerben von wirtschaftlichen und methodischen Kompetenzen, sondern es geht auch darum, in einem hohen Ausmaß gestalterisch in Unternehmensprozesse einzugreifen, neue Geschäftsmodelle zu generieren und erfolgreich umzusetzen.

Die Absolventen werden einerseits in der Lage sein, ein Unternehmen der Kreativ-, Kommunikations- und Medienwirtschaft zu gründen und selbstständig zu führen. Andererseits werden Kompetenzen vermittelt, die es ermöglichen, in anderen Branchen beratend tätig zu sein und Mehrwert durch kreative Dienstleistungen zu schaffen.

WEICHENSTELLUNG NACH BASISAUSBILDUNG
Die Absolventen des akademischen Fachhochschul-Lehrgangs können später beim MBA zwischen zwei Arten der Vertiefung wählen. Dabei liegt ein Fokus im Erlernen von Ansätzen und Methoden der Kreativen, um beispielsweise flankierend zu technischen Innovationen auch soziale Innovation voranzutreiben, mit Bestehendem besser hauszuhalten und die Vermittlung von Wissen stärker über intuitive Zugänge wie etwa dem Storytelling zu gewährleisten. Der andere Schwerpunkt liegt auf dem Transfer von ökonomischem Wissen in die Kreativwirtschaft, um hier zu einer weiteren Professionalisierung innerhalb der Branche beizutragen.

Informationen unter
www.fhstp.ac.at/weiterbildung/creative-management
oder 02742 313 228-407

JULES VERNES PROGNOSEN

Fünf Wochen im Ballon	**1863**
Einsatz von lenkbaren Ballonen für Fernflüge	nicht realisiert
Steuerung der Temperatur des Auftriebsgases	nicht realisiert
Die Reise zum Mittelpunkt der Erde	**1864**
explosionsgeschützte elektrische Grubenlampen	um 1900 realisiert
Von der Erde zum Mond	**1865**
bemannter Mondflug mittels Superkanone	unmöglich
terrestrischer Test der Systeme des Projektils	bei Raumflugkörpern üblich
chemische Regenerierung der Atemluft im Projektil	in bemannter Raumfahrt realisiert
Teleskop mit 5-Meter-Spiegel	1950 realisiert
Zwanzigtausend Meilen unter dem Meeresspiegel	**1870**
U-Boot mit elektrischem Antrieb	Ende des 19. Jahrhunderts realisiert
doppelter Schiffskörper der Nautilus	um 1900 im U-Bootbau realisiert
elektrische Uhren	realisiert, erstes Patent 1866
Lampe mit elektr. angeregtem Leuchtgas; elektr. Scheinwerfer	realisiert
Tauchfahrt bis zum Boden des Weltozeanes	bisher nur mit Bathyskaphen, nicht U-Booten
automatisches Gewehr	1908 realisiert
elektrische Küche	realisiert
elektrische Geschosse	bisher nicht realisiert
elektrischer Schutzzaun	im ersten Weltkrieg realisiert
Stromerzeugung durch Meerwasser-Temperaturdifferenz	um 1930 experimentell realisiert
U-Bootsfahrt zum Nordpol	1931 mit einem U-Boot namens „Nautilus"
unterseeischer Erzbau; Nahrungsgewinnung	nur ansatzweise realisiert; Meeresfarmen
Unterwasserstädte	(bei Verne nur als Vision in der Vision)
Die Reise zum Mond	**1870**
Raketen zur Abbremsung und Flugsteuerung	realisiert
hermetische Kammer zu Tieftauchzwecken	erster Bathyskaph 1911
Eine Idee des Dr. Ox	**1872**
Überflutung einer Stadt mit Sauerstoff	nicht realisiert
Schwarz Indien	**1877**
Eisenbahn mit hydraulischem Antrieb	praktisch nicht realisierbar
Feuerlöscher; mechanische Treppen	nach 1900 verwirklicht; 1900 Erfindung der Rolltreppe

Auszug aus Karlheinz Steinmüller: "Gestaltbare Zukünfte. Zukunftsforschung und Science Fiction", WerkstattBericht 13, Sekretariat für Zukunftsforschung, Gelsenkirchen, 1995, S 73ff

Dass die Debatten um alternative Energieversorgung, Nachhaltigkeit oder Co2- Ausstoß so neu nicht sind, überrascht durchaus, betrachtet man die aufgeregte Berichterstattung zu diesen Themen.

ES WAR EINMAL DIE ZUKUNFT:

Haltepunkte einer äußerst kurzen Reise durch ein gestaltbares Morgen.

TEXT: BERNHARD SEYRINGER

Bereits in der Science-Fiction Literatur des frühen zwanzigsten Jahrhunderts finden sich diesbezüglich große Gedanken und visionäre Ideen en masse. Sehr bekannt sind natürlich Jules Vernes Entwürfe. Aber auch der gebürtige Luxemburger Hugo Gernsback machte sich schon 1911 Gedanken zu nachhaltiger Energieversorgung und entwickelte den Plan, New York ausschließlich mit solarer Energie zu versorgen. Der schwedische Physiker und Chemiker (später Nobelpreisträger) Svante Arrhenius[1] hat bereits 1910 die „Treibhauseffekt"- Debatte vorhergesehen.

In den 1920er Jahren wurde sowohl im Bereich Science Fiction als auch im sozial- und naturwissenschaftlichen Forschungsbereich das Thema „Zukunft" verstärkt thematisiert und diskutiert. Hier ist besonders die in Großbritannien erschienene Publikationsreihe *"Today and Tomorrow"* des Londoner Verlagshauses *Kegan Paul, Trench & Truber* zu nennen. In sechs Jahren wurden 86 Monographien bedeutender Sozial- und Naturwissenschaftler publiziert, die bekannteste daraus war "Daedalus or Science of the Future"[2] des Biologen John Burdon Sanderson Haldane von 1924. Im selben Jahr schrieb Bertrand Russel mit "Icarus or the Future of Science" eine Repblik dazu. Es folgten weitere Titel wie "Protheus or the Future of Intelligence" von Vernon Lee, "Pygmalion or the Doctor of the Future" von R. McNair Wilson, "Automaton, or the Future of Mechanical Man" 1928 von H. Stafford Hatfield, oder Arthur Shadwell's Polemik gegen den Sozialismus "Typhoeus, or the Future of Socialism" von 1929.[3] Auch Aldous Huxley hatte viele seiner dystopischen Visionen aus der Reihe *"Today & Tomorrow"* entnommen.

Technikbegeisterung und Machbarkeitsfantasien schienen grenzenlos und so wurden auch Projekte in der Dimension von „Atlantropa" entwickelt: Eine Staudamm-Projektidee in der Straße von Gibraltar und bei den Dardanellen des deutschen Architekten Hermann Sörgel, mit dem Ziel den Meeresspiegel des Mittelmeeres zu senken, um langfristig Land zu gewinnen. Sörgel begann 1928 mit der Planung und hat daran bis zu seinem Unfalltod 1952 gearbeitet.[4] Seine Staudamm-Vision steht hier als ein Beispiel aus einer höchst erstaunlichen Reihe gigantischer und visionärer Entwürfe aus dieser Zeit.

Diese blühende Periode der großen Ideen ging in der Katastrophe des Zweiten Weltkrieges unter und es dauerte bis in die 1960er Jahre, dass wieder große Zukunftsentwürfe diskutiert wurden. Aber diesmal nicht voller Fortschrittsbegeisterung sondern kritisch, skeptisch und pessimistisch. Hierfür gilt der Bericht des *Club of Rome* von 1972 als paradigmatisch.

Eine Ausnahme bildete der Plan „Ökumenopolis" des griechischen Raumplaners und UNO-Beraters Constantinos Doxiadis. Seine Idee erscheint völlig konträr zum Zeitgeist, denn er war der Ansicht, dass die in den Städten beobachteten Probleme keine Krisenphänomene seien, sondern zu vernachlässigende Krankheiten. Konsequenterweise wollte er auch keine Umkehr der Entwicklung wie es der Club of Rome forderte. Und das obwohl seine eigenen Berechnungen und Prognosen durchaus Anlass zur Sorge geboten hätten: er sah für das Jahr 2200 eine einzige riesige Megalopole voraus mit 15 — 25 Billionen (!) Einwohnern.[5] »

Sein Konzept der „Ökumenopolis" war die konsequente Reaktion auf seine eigenen Berechnungen. Der Plan sah vor, die Erde in drei Zonen zu teilen: eine Landwirtschaftszone (für 2 Milliarden Menschen), die Universalstadtzone (die eigentliche Ökumenopolis), für den Rest der Bevölkerung. Seiner Berechnung nach würde das nur 5 % der Erdoberfläche in Anspruch nehmen, der Rest — die dritte Zone — war als Naturzone vorgesehen.[6]

Heute entsteht bei „Ökumenopolis" wahrscheinlich der Eindruck einer eher einfachen Vorstellung von der möglichen Organisation menschlichen Zusammenlebens sowie einer offensichtlich ebenso unterkomplexen Prognose-Methode zur Datengewinnung.

ZUKUNFTSFORSCHUNG IM DEUTSCHEN SPRACHRAUM: WAS NICHT ALLES HÄTTE PASSIEREN KÖNNEN, WENN NICHT ALLES GANZ ANDERS GEKOMMEN WÄRE.

Fest steht, dass ohne die Machtübernahme durch die Nationalsozialisten und ohne der damit verbundenen Vertreibung jüdischer, liberal und links eingestellter Wissenschaftler von den Lehrstühlen an den deutschsprachigen Universitäten, die Chancen nicht schlecht gestanden hätten, dass der Politikwissenschaftler Ossip K. Flechtheim den Begriff *Futurologie* in Deutschland geprägt hätte[7]. Tatsächlich aber lancierte Flechtheim sein neues Konzept in einem Aufsatz im amerikanischen Exil 1943[8]. Er wollte damit verdeutlichen, ...
„... wie unerlässlich eine kritische und systematische Beschäftigung mit der Zukunft sei"[9].

Auch der Begründer der Delphi-Methode und Verfasser unzähliger Artikel zu wissenschaftstheoretischen Grundlagen der Zukunftsforschung, Olaf Helmer[10], war Emigrant aus Deutschland. Der Philosoph und Mitglied des Wiener Kreises, Rudolf Carnap, holte Helmer 1936 an die University of Chicago. 1944 arbeitete er an der Princeton University mit dem ebenfalls zum Wiener Kreis gehörenden Carl Gustav Hempel.[11] Von 1946 bis 1968 war Helmer für die RAND Corporation tätig.[12]

Nach dem Zweiten Weltkrieg beförderten zahlreiche aus dem Ausland zurückkehrende Emigranten die Etablierung der Zukunftsforschung in Deutschland. Neben Flechtheim sind vor allem Robert Jungk sowie Karl Mannheim und Karl W. Deutsch zu nennen. Trotz vieler Unterschiede — im persönlichen und wissenschaftlichen Hintergrund sowie den politischen Überzeugungen — prägte sie alle ein Schicksal: Unterdrückung im Faschismus. So gaben sie der Zukunftsforschung eine klare Werteorientierung auf Humanismus, soziale Gerechtigkeit, Menschenrechte und

Frieden mit. Viele der ehemaligen Emigranten bezogen daher bald engagiert Position in den Debatten um Atomkraft und Atomkrieg. Das „Überleben der Menschheit" im Atomzeitalter wurde eine der Ausgangsfragen der Zukunftsforschung und eine starke Motivation für manche ihrer Vertreter.[13] Was zum Beispiel Ossip Flechtheim von der „Futurologie" erwartet hatte, war sehr umfassend und anspruchsvoll:

> *„... sie muß ihren Beitrag leisten zur Eliminierung des Krieges und Institutionalisierung des Friedens; zur Beseitigung von Hunger und Elend in der Dritten Welt und zur Stabilisierung der Bevölkerungszahl, zur Beendigung des Raubbaus und zum Schutz der Natur und des Menschen vor sich selber; zur Überwindung von Ausbeutung und Unterdrückung und zur Demokratisierung von Staat und Gesellschaft; zum Abbau von Entleerung und Entfremdung und zur Schaffung eines neuen kreativen Homo humanus."*[14]

Als der Journalist Robert Jungk 1952 „Die Zukunft hat schon begonnen"[15] publizierte, erreichte er damit zwar kaum die akademischen Zirkel, wohl aber die breite Öffentlichkeit. Jungks Reportagen aus den USA zeigten die enormen Entwicklungspotenziale von Wissenschaft und Technik auf; zugleich beschrieb er die amerikanischen Bestrebungen mithilfe von „Elektronenorakeln" und ausgefeilten Planungstechniken die Zukunft berechenbar zu machen.

> *„Es geht den Amerikanern nicht, wie den meisten Zukunftsdenkern anderer Länder, darum, über die Zukunft zu philosophieren, sondern etwas mitzutun: sie zu erobern und ihr, soweit das menschenmöglich ist, Richtung und Marschtritt vorzuschreiben."*[16]

Wahrscheinlich hat kein anderes Buch in deutscher Sprache der Öffentlichkeit je derart klar vor Augen geführt, dass es notwendig ist, sich mit Zukunftsfragen auseinanderzusetzen.

Mit der zwischen 1964 und 1969 von ihm und Hans Josef Mundt herausgegebenen Reihe *„Modelle für eine neue Welt"*[17] setzte Jungk weitere Wegmarken in der deutschsprachigen Futurologie. Das gelang ihm obwohl der Erfolg manches Bandes dieser Reihe durchaus überschaubar war und prominente Sozialwissenschaftler auch Kritik äußerten, wie Helmut Schelsky im Wochenmagazin Der Spiegel, Juli 1965.[18]

Die deutschsprachige Zukunftsforschung entwickelte sich ab Mitte der 1960er Jahre sehr ambivalent und war keineswegs nur ein Thema der politischen Linken: Franz Josef Strauß plädierte am CSU-Parteitag 1964, unter Verweis auf Statistiken von Georg Picht und Carl Friedrich von Weizäcker, für eine prioritäre Rolle dieses Themas.[19]

ESTABLISHMENT-FUTUROLOGEN UND IHRE KRITIKER.

Zwei Strömungen im Zukunftsdenken.

Im Zuge der aufkeimenden Neuen Sozialen Bewegungen (Anti-Atom, Umweltbewegungen, usw.) hat sich die Disziplin der Zukunftsforschung in verschiedene Strömungen aufgeteilt, die sich zu verschiedenen Zeitpunkten sehr kritisch gegenüber standen. Bereits 1972 hatte Ossip Flechtheim[1] von „zwei Lagern" gesprochen: einem „kritisch-humanistischen" und einem „konservativ-technokratischen". Rolf Kreibich[2] teilt sie beinahe zwanzig Jahre später in drei Strömungen ein: eine sozialkritische Strömung, eine kybernetisch-systemtechnische und eine wirtschaftliche Strömung. Die Herausbildung von „zwei Strömungen" in den frühen 1970er Jahren beschreibt auch Karlheinz Steinmüller:

> ... einerseits eine sozialkritische, emanzipatorische und utopisch inspirierte Zukunftsforschung, die auf soziale Phantasie setzte und mit den Namen Robert Jungk, Ossip Flechtheim und auch Georg Picht[3] verbunden ist. Und andererseits eine eher systemtechnisch orientierte, von der Kybernetik inspirierte Zukunftsforschung, die nahe am Markt operierte und eher als „neokonservativ" eingeordnet werden kann. Zu ihren Vertretern zählten u. a. der Physiker Wilhelm Fucks und der Wirtschaftswissenschaftler Horst Wagenführ oder Karl Steinbuch.[4]

Die Auseinandersetzungen zwischen beiden „Lagern" nahmen an Intensität zu, nicht zuletzt wegen der von Carl Friedrich von Weizsäcker beabsichtigten Gründung des Max-Planck-Instituts zur Erforschung der Zukunft und die dafür verweigerte finanzielle Unterstützung der Industrie. Der Streit zwischen Jungk und seinem Gegenpol, Karl Steinbuch eskalierte nach Erscheinen von „Falsch programmiert". Über das Versagen unserer Gesellschaft in der Gegenwart und vor der Zukunft und was eigentlich geschehen müsste". Steinbuch forderte darin die Gesellschaft für Zukunftsforschung auf, Jungk – „einen weltfremden Phantasten" – aus ihren Gremien zu „amputieren", um ihren seriösen Ruf zu wahren.

1   Ossip Flechtheim: Futurologie. Der Kampf um die Zukunft; Fischer Taschenbuchverlag, Frankfurt/ M., 1972, S. 16ff

2   Rolf Kreibich: Zukunftsforschung in der Bundesrepublik Deutschland; in: Rolf Kreibich, Weert Canzler, Klaus Burmeister (Hrsg.): Zukunftsforschung und Politik; Weinheim, 1991, S. 60ff

3   Georg Picht: Prognose, Planung, Utopie: Die Situation des Menschen in der Zukunft der technischen; Welt; Stuttgart, 1971

4   Steinmüller, 2012, S. 13

Die akademische Etablierung des Faches verlief anders als in vielen Industrienationen. So wurde das erste Seminar zu „Zukunft" in Deutschland erst 1968 vom Kybernetiker Karl Steinbuch angeboten. Robert Jungk schrieb 1966 im Vorwort zu einem Buch von Ossip Flechtheim, die Disziplin befände ...

„... sich in einem Frühstadium ihrer Entwicklung. Beinahe ebenso wie die Soziologie in ihren Anfängen harrt sie immer noch der akademischen Anerkennung."[20]

Im Unterschied zu den USA blieb auch die Nachfrage von Seiten der Großindustrie stark hinter den Erwartungen der Zukunftsforscher zurück. Für den Soziologen und Direktor des *Zentrum Berlin für Zukunftsforschung* (gegründet 1968), Helmut Klages, war klar, dass der bereits von Jean Jaques Servan-Schreiber[21] im Vergleich zu den USA beklagte europäische „Management Gap", eine zentrale Begründung für die hiesige Rückständigkeit lieferte.[22]

Darüber hinaus trugen die weltanschaulichen Differenzen seiner wesentlichen Akteure zur – mit den USA nicht vergleichbaren — Etablierung des Faches in Deutschland bei. Die Auseinandersetzungen der späten 1960er Jahre zwischen den beiden ideologischen „Lagern" nahmen an Intensität zu, nicht zuletzt wegen der beabsichtigen Gründung des *Max Planck-Institutes zur Erforschung der Zukunft* durch Carl Friedrich von Weizsäcker, dem die halb versprochene Unterstützung der Industrie schließlich verwehrt blieb.

Die Industrie kündigte stattdessen die Errichtung eines *„Industrie-Instituts zur Erforschung technologischer Entwicklungslinien (ITE)"* an.[23] Als diese Gemeinschaftsgründung von 51 westdeutschen Industrieunternehmen gegründet wurde, behauptete VW-Chef Kurt Lotz, dass die GfZ (Gesellschaft für Zukunftsforschung) daran beteiligt sei, was sich aber als unwahr herausstellte.[24]

Derartige Entwicklungen wurden von Robert Jungk und Ossip Flechtheim mit einigem Argwohn betrachtet. Der Streit zwischen Jungk und seinem Gegenpol Karl Steinbuch eskalierte nach Erscheinen von *Falsch programmiert*.[25] Darin wendet sich Steinbuch explizit gegen die „Hinterwelt" der Fortschrittskritiker. Das Buch wurde ein Bestseller.[26] Steinbuch fordert darin die GfZ auch auf, Jungk — „einen weltfremden Phantasten" — aus ihren Gremien zu „amputieren"[27], um ihren seriösen Ruf zu wahren. »

Ob man Karl Steinbuch[28] zu jener Zeit so einfach mit dem Etikett „konservativ" beschreiben kann, wie das gemeinhin gemacht wird, sei dahingestellt. Er galt als Stichwortgeber für die SPD und engagierte sich im Bundestagswahlkampf 1969 für Willy Brandt.[29] Wahrscheinlich war genau diese exzellente politische Verdrahtung der Grund, warum der DDR Forscher Alfred Böhnisch[30] sich kritisch auf ihn bezogen hat. Die Tatsache, dass *Steinbuch nicht zu den ökonomischen und politischen Ursachen für den permanenten Krisenzustand der überlebten kapitalistischen Gesellschaftsordnung vordringt"* — also die Enthüllung Steinbuch wäre kein Marxist — dürfte wenig überraschend gewesen sein.

Immerhin veranstaltete Steinbuch 1969 den Futurologen-Kongress in München, wobei die gemeinsame Autorenschaft von *Über unsere Zukunft*[31] mit dem damaligen Oberbürgermeister der Stadt München, dem SPD-Politiker Hans-Jochen Vogel, dem Unterfangen nicht unbedingt im Wege gestanden sein dürfte.

Doch auch von weiter links kam Kritik an der Futurologie: einer der bekanntesten Kritiker war der Gründer der Zeitschrift „Atomzeitalter", Claus Koch, in einem damals für die akademische Linke sehr wichtigen Medium — dem *Kursbuch*:

> *„Die Futurologie — oder wie sonst ihre verschiedenen Namen lauten — ist zum einen sozialtechnische Methode der Generalstrategie plankapitalistischer Krisenverhinderung. Sie ist zum anderen, da sie nicht kritisch, noch politisch werden will, ideologische Bestätigung einer Ordnung, die den Schleier des Neuen vorzieht, um alles beim Alten zu lassen."*[32]

Der amerikanische Politikwissenschaftler Arthur Waskow macht deutlich, dass Planung im Kapitalismus nur die Methode derer ist, ...

> *„... die aus ihren aktuellen Machtpositionen heraus die Kontinuität ihrer Macht auf Jahre hinaus projektieren. Planung ist die Methode mit der die Commission on the Year 2000 oder die RAND Corporation denjenigen dient, die jetzt an der Macht sind, indem ihnen gezeigt wird, wie sie noch nach dreißig Jahren oder 25 Jahren imstande sein können, die Gesellschaft weiter zu beherrschen; nämlich indem sie nur jene*

Dinge ändern, die notwendig geändert werden müssen, damit sie weiterhin herrschen können."[33]

RÜCKZUGSGEFECHTE

Das Ansehen der Zukunftsforschung litt am Beginn der 1970er Jahre zusehends an scharfer Kritik und dem damit verbundenen dahinschwinden ihrer Glaubwürdigkeit. Neben den beschriebenen Auseinandersetzungen zwischen den unterschiedlichen Lagern und deren Spaltung, aber vor allem nach der nicht-Vorhersage der Ölkrise in Folge des Jom-Kippur Kriegs 1973, hatte die Futurologie erneut massiv an Reputation eingebüßt. Das aus heutiger Sicht klare Unvermögen der Zukunftsforscher auch nur die zentralsten politischen Wendepunkte der kommenden Jahre vorherzusehen, macht die damalige Debatte umso interessanter.

Obwohl Helmut Klages erst 1968 das Zentrum Berlin für Zukunftsforschung gegründet hat, beklagte er die *„stetig weitere Expansion und immer größere thematische Differenzierung"*[34] der Zukunftsforschung. Ein Jahr später sprach der Philosoph Hermann Lübbe[35], unter Verweis auf Popper, der Zukunftsforschung schlicht die Existenzberechtigung ab:

> *„Die Hoffnung ist vergeblich, daß sich die Futurologie zur Kunst entwickeln werde, die Utopie zur Wissenschaft zu machen. Die Zukunft der Futurologie liegt allein in der Chance, pragmatisch, im technologisch beherrschbaren Detail, die fällige Verlängerung unserer Handlungsketten zu besorgen"*[36]

Auch in einem anderen Punkt herrschte Mitte der 70er bereits Resignation: Der von Seiten der westlichen, kritischen Futurologie angestrebte Dialog mit Wissenschaftlern aus dem sowjetischen Einflussbereich schien über anfängliche Annäherungen und Konferenzen — 1968 in Oslo, 1970 in Osaka und 1972 in Bukarest — nicht hinaus zu kommen. Die wesentliche Stoßrichtung der marxistischen Futurologie war (und blieb) die Negation „bürgerlicher" Futurologie.[37]

Nur fünf Jahre später schreibt Albert Menne in der *Welt*: *„Um die Futurologie, deren Wellen in den 60er Jahren noch so hoch schlugen, (...) ist es in letzter Zeit sehr ruhig geworden. Wer über künftige Entwicklungen Bescheid wissen will, fragt nicht mehr die Futurologen, sondern die Fachwissenschaftler."*[38]

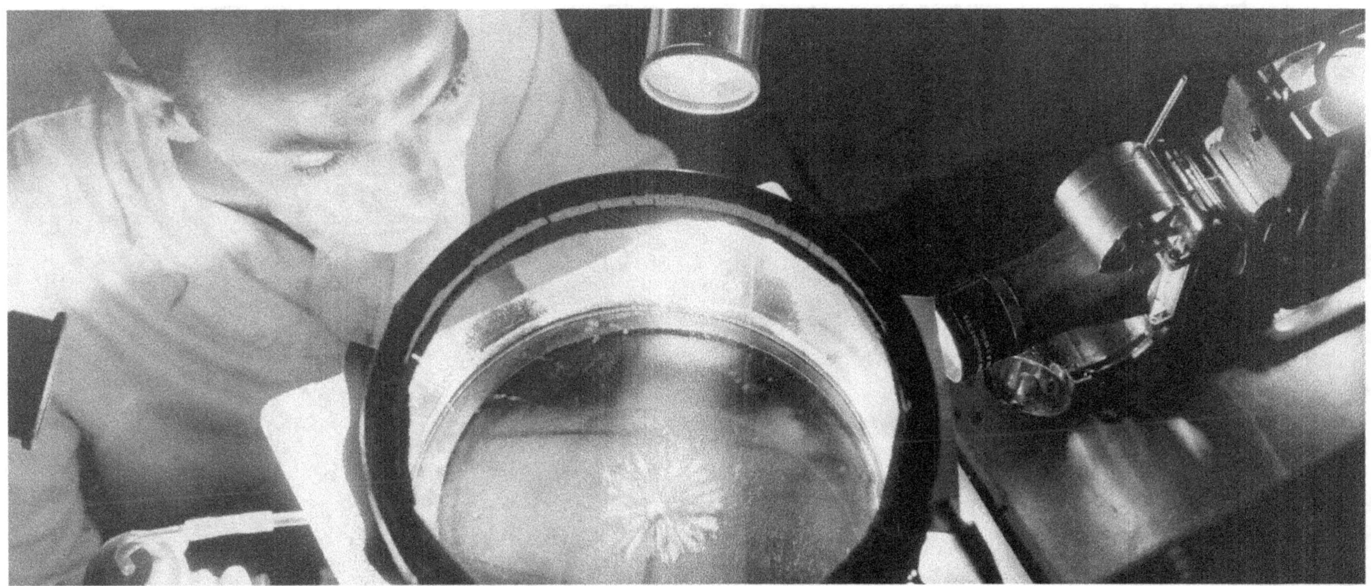

LITERATURVERWEISE:

1   *Hugues De Jouvenel*: Futuribles - ein Gesamtkonzept der Zukunftsforschung; Zukunftsforschung in Europa; S. 58

2   *John B. S. Haldane*: Daedalus: or, Science and the Future; London, 1924 (deutsch: Dädalus; München, 1925)

3   *Brian Stableford*: Science Fiction und Zukunftsforschung. Das Beispiel Großbritannien; in: *Klaus Burmeister, Karlheinz Steinmüller* (Hrsg.): Streifzüge ins Übermorgen.Zukunftsforschung und Science Fiction. Weilheim und Basel, 1992; und: *Daniel Bell*: Zukunftsforschung gestern und heute. In: *Herman Kahn, Anthony J. Wiener*: Ihr werdet es erleben. Voraussagen der Wissenschaft bis zum Jahre 2000; Verlag Fritz Molden, Wien, 1968, S. 412

4   Vgl.: *Wolfgang Voigt*: Atlantropa. Weltenbau am Mittelmeer. Ein Architektentraum der Moderne. Hamburg, 1998

5   *Constantinos Doxiadis*: Ekistics. An Introduction to the Science of Human Settlements; New York, Oxford University Press, 1969, S. 5ff

6   Uerz, S. 317

7   *Mario Keßler*: Ossip K. Flechtheim. Politischer Wissenschaftler und Zukunftsdenker (1909 - 1998); Böhlau Verlag, Köln, 2007; S. 158 f

8   *Ossip Flechtheim*: Toynbee and the Webers. Remarks on their Theories of History; in: Phylon (4), 1943, Nr. 3; S. 248

9   *Ossip Flechtheim*: Futurologie. Der Kampf um die Zukunft; Fischer Taschenbuchverlag, Frankfurt/ M., 1972; S. 11

10 Vgl. *Nicholas Rescher*: H 2 O: Hempel-Helmer-Oppenheim, an Episode in the History of Scientific Philosophy in the 20th Century; Philosophy of Science 64, 1997; S. 348

11 *Kaya Tolon*: The American futures studies movement (1965 - 1975), it's roots, motivations and it's influence; PhD-Thesis, Univ. of Iowa; 2011, S. 37

12 *Nicolas Rescher*: Studies in 20th Century Philosophy; Ontos Verlag, 2005; S. 165f.

13 *Karlheinz Steinmüller*: Zukunftsforschung in Deutschland. Versuch eines historischen Abrisses (Teil 1); Zeitschrift für Zukunftsforschung, Jahrgang 1 (1), 2012; S. 11

14 Flechtheim, 1972, S. 8

15 *Robert Jungk*: Die Zukunft hat schon begonnen. Amerikas Allmacht und Ohnmacht; Stuttgart 1952

16 Jungk, 1952, S. 290

17 Anm.: Zwischen 1964 und 1969 erschienen insgesamt 16 Titel in dieser Reihe.

18 *Helmut Schelsky*: Unbewältigte Zukunft. Der Spiegel 31/1965, http://www.spiegel.de/spiegel/print/d-46273596.html

19 *Franz Josef Strauß*: Der Weg in die Zukunft- An der Schwelle einer neuen Zeit; Rede anlässlich der Landesversammlung 1964 der CSU in Bayern vom 10. - 12. Juli in München; Archiv für Christlich-Soziale Politik der Hans-Seidel-Stiftung, NL Strauß, RPT 64/1; Anm.: Strauß schrieb auch das Vorwort zur deutschen Ausgabe von *Die amerikanische Herausforderung*, siehe Fußnote 21;

20 *Robert Junk*: Foreword. In: Ossip Flechtheim: History and Futurology, Meisenheim 1966, S.IX

21 Vgl.: *Jean Jaques Servan-Schreiber*: Die amerikanische Herausforderung; Hoffmann und Campe, Hamburg, 1969

22 *Helmut Klages*, in: Kurt Sonthofer, S. 9

23 Der Spiegel, 46, 1969, S. 204; zit. in: Steinmüller, 2012a, S. 17

24 Vgl. Der Spiegel, Nr. 13, 23.3.1970

25 *Karl Steinbuch*: Falsch programmiert. Über das Versagen unserer Gesellschaft in der Gegenwart und vor der Zukunft und was eigentlich geschehen müsste; DVA, 1968

26 Steinmüller, 2012, S. 17

27 Vgl. Der Spiegel, Nr. 13, 23.3.1970

28 Zu Karl Steinbuch: http://www.archiv.kit.edu/104.php?signatur=27048

29 *Achim Rudolf Eberspächer*: Zukunftsforscher in Anführungszeichen; Reihe: „S:Z:D Arbeitspapiere Theorie" der Robert-Jungk-Stiftung, April 2011; S. 15

30 *Alfred Böhnisch*: Futurologie. Eine kritische Analyse bürgerlicher Zukunftsforschung. Frankfurt/ M., 1971 S. 14

31 *Karl Steinbuch, Hans-Jochen Vogel*: Über unsere Zukunft, 1969

32 *Claus Koch*: Kritik der Futurologie; in: Kursbuch 14, 1968, S. 2

33 *Arthur I. Waskow*: Vorschau 1999. Futurum Nr. 1, 1970, S. 10

34 *Helmut Klages*: Die Zukunft der Zukunftsforschung; in: *Ernst Schmacke* (Hrsg.): Zukunft im Zeitraffer, Düsseldorf, 1968, S. 182f

35 Anm.: Lübbe war 1944/45 Mitglied der NSDAP und nach dem Zweiten Weltkrieg kurzzeitig Mitglied der SPD

36 *Hermann Lübbe*: Ernst und Unernst der Zukunftsforschung. In: Merkur 23, 1969; S. 130

37 *Dieter Pforte, Olaf Schwencke*: Ansichten einer künftigen Futurologie; Hanser 112, München, 1973; S. 14

38 *Albert Menne:* Kein Platz mehr für Futurologen; in: Die Welt, 11. Mai 1978

M2-F2 im Windkanal (© NASA; 1965)

Bevor man den französischen Philosophen Bertrand de Jouvenel in der Reihe bekannter Denker sozialwissenschaftlicher Zukunftsforschung betrachtet, sollte man sich mit seinen generelleren Überlegungen zu Politik und Ökonomie beschäftigen. Im Gegensatz zu vielen neomarxistisch motivierten Denkern, deren Wirkmächtigkeit sich in den Forderungen sowohl der 68er Bewegung als auch in späteren Ausläufern wie Friedens- und Umweltbewegung manifestierten, standen Jouvenels konservative Denkansätze dem Zeitgeist diametral entgegen.

BERTRAND DE JOUVENEL – EIN KONSERVATIVER PHILOSOPH UND ZUKUNFTSFORSCHER

TEXT: XING-REDAKTION

Bertrand de Jouvenel kam 1903 in einem aristokratischen Haushalt in Paris als Sohn von Baron *Henri de Jouvenel* und der Schriftstellerin *Sarah Claire Boas* zur Welt. Sein Vater war Herausgeber der Tageszeitung *Le Matin* und als französischer Hochkommissar in Syrien (1925/26) an der Niederschlagung des dortigen Aufstandes federführend beteiligt. 1933 war Henri de Jouvenel Botschafter in Italien[1]. In dieser Funktion versuchte er Mussolini zu einer Kooperation mit Frankreich zu bewegen. Seine Mutter stammte aus einer sehr wohlhabenden jüdischen Industriellenfamilie, die einen weithin bekannten Pariser Salon führte, in dem die bekanntesten Schriftsteller, Künstler und Politiker dieser Zeit verkehrten.

Sein Vater ließ sich 1912 scheiden, und heiratete die Schriftstellerin *Sidonie Gabrielle Claudine*, bekannt unter dem Künstlernamen *Colette*. Bertrand begann 1917 ein Verhältnis mit der zweiten Frau seines Vaters.

DER JOURNALIST UND POLITIKER
Von Mitte der 1920er Jahre bis zum Zweiten Weltkrieg arbeitete er als Journalist mit dem Schwerpunkt Internationale Politik. Berühmt wurde er durch Interviews mit Mussolini, Churchill und 1936 mit Adolf Hitler[2]. In diese Zeit fiel auch seine glücklose Kandidatur für die Partei der *Radikal-Sozialisten*[3]. Bertrand begeisterte sich für sehr unterschiedliche politische Lager: 1936 trat er dann in die Partei von *Francois Doriot* (ehemaliger kommunistischer (PCF) Bürgermeister von Saint Denis)[4] — der *Parti Popular Francais* (PPF), einer faschistischen Partei, ein. Diese Begeisterung war ebenfalls nur kurz, denn bereits zwei Jahre später verließ er die Partei wieder, da Doriot das Münchner Abkommen politisch unterstützt hatte.

Er erkannte die Gefahr des europäischen Faschismus und meldete sich beim französischen Militärgeheimdienst, um gegen die steigende Gefahr aus Deutschland zu kämpfen. Nach der Kapitulation der französischen Armee schloss er sich der Résistance an. Diese Erfahrungen dürften der Grundstein für seine strikte anti-totalitäre und staatskritische Haltung gewesen sein.

DER PHILOSOPH
Der Philosoph *Pierre Manent* setzt Jouvenel in die Tradition des *libéralisme triste*, des melancholischen Liberalismus, dessen bekanntester Vertreter *Tocqueville* ist, aber auch *Irving Kristol*, ein amerikanischer Sozialwissenschaftler, der von sich selbst sagt, ein *„Linker zu sein, der von der Realität überfallen wurde"* und ebenso ein weites ideologisches Spektrum bereist hat: von der trotzkistischen Linken zum „Ahnvater" der Neokonservativen.

Ein gemeinsamer politischer Kern ist dabei die Betrachtung der Schwächen liberaler Demokratie: die Erosion der Moral, die Aushöhlung der Zivilgesellschaft, die „überbordende" Entwicklung des Staates, sowie die *"joyless quest for joy"*, wie es Leo Strauss formulierte.[5]

»

Jouvenel betrachtete genau das, was für sämtliche Denker der damaligen Zeit – besonders in der „Zukunftsforschung" – als Legitimation politischer Macht überhaupt galt, als Gefahr für die Freiheit: die Demokratie.

Diese Haltung machte ihn nur einige Jahre nach Niederringung des Faschismus natürlich verdächtig. Es ging ihm dabei nicht unbedingt um die Ablehnung der Demokratie, er machte allerdings auf die Grenzen ihrer zentralen Annahmen aufmerksam. Er zweifelte am gesellschaftlichen Konsens, dass die Legitimität einer Regierung sich am Ausmaß der Repräsentation eines nicht-artikulierten Willens der Mehrheit bemisst und dem daraus folgenden Schluss, dass, was immer eine demokratisch gewählte Regierung tut, per Definition richtig sein muss.

Die größten Gefahren für die liberale Demokratie sah Jouvenel (wie Tocqueville) in der Aushöhlung der Gesellschaft, aller Institutionen und Gemeinschaften, in der Menschen sich organisieren. Er betrachtete die Entwicklung einer Gegnerschaft des modernen Staates zu nicht-staatlichen Bindungen von Familie, Kirche oder lokaler Gemeinschaften. Im Namen der Verteidigung der individuellen Freiheiten übernimmt der Staat die gesamte Macht und zerstört schrittweise alle gesellschaftlichen Bindungen.

In seinem Buch „*Über die Staatsgewalt*" [6], in dem er diesen Prozess untersucht, fragt er: „*Wo wird das alles enden?*" In jedermanns absoluter Freiheit von jeder familiären und sozialen Autorität, einer Freiheit, deren Preis, die komplette Auslieferung an den Staat ist. Im Verschwinden jeder Beziehung, die nicht staatlich organisiert ist.

„Mit einem Wort, es endet in der Atomisierung der Gesellschaft und im Bruch jeder privaten Verbindung, deren Band nicht die gemeinsame Knechtschaft für den Staat ist. Die Extreme des Individualismus und des Sozialismus treffen sich: das ist ihr schicksalhafter Weg."

In einer Textsammlung mit dem Titel „*Ethik der Umverteilung*" [7] zeigte Jouvenel, wie falsch seiner Ansicht nach der Glaube an die „Macht der Mehrheit" ist. Ganz besonders, wenn es um das Erreichen einer fairen und gleichen Gesellschaft geht und „Umverteilung" letztendlich nur zur „Fütterung des Minotaurus", dieser monströsen Kombination aus Mensch und Monster in den sich der moderne Staat transformiert hat, führt. Jouvenel führt an, dass Bevölkerungen seit Generationen Regierungen wählen, die propagieren, den Reichtum zwischen arm und reich zu Gunsten der Armen umzuverteilen. Da aber offenbar der Reichtum bei den Armen noch nicht angekommen ist und der Reichtum der

Wohlhabenden insgesamt nicht einmal zur Befriedigung der Basisbedürfnisse der Ärmsten ausreichen würde, schließt er daraus, dass die Umverteilung nicht zwischen arm und reich, sondern zwischen einer gesellschaftlichen Mehrheit zum Staat stattgefunden hat.

DER ZUKUNFTSFORSCHER

Bertrand de Jouvenel gründete 1960 mit Mitteln der *Ford-Foundation* das *Institut Association Internationale Futuribles* [8], das offenbar entgegen den Annahmen von Uerz[9], nicht im selben Jahr mit dem *Institute Centre International de Prospective* (CIP) des Philosophen *Gaston Berger* fusionierte. Berger stirbt 1960 bei einem Autounfall und sein Institut wird von *André Gros, Louis Armand* und *Pierre Massé* weitergeführt. Die wichtigsten Mitglieder der *Association Internationale Futuribles* waren 1963: *Eugene V. Rostow* (Yale), *Edward Shils* (University of Chicago) und *Waldemar A. Nielsen* (African-American Institute, NY). *Daniel Bell* kam 1965 noch als Berater hinzu.[10]

1966 stellt Ford die finanzielle Unterstützung für die *Association Internationale Futuribles* ein[11] und Jouvenel gründet ein Jahr später, 1967, den Think Tank *Futurible Association International* (FAI) (Achtung: bisher Association Futuribles International) und übernimmt 1972 (!) die Aufgaben (und Ressourcen) von Bergers Institut, dem CIP.[12] Das FAI wird mit öffentlichen Mitteln, speziell von der DATAR[13] unter seinem Direktor *Jérome Monod*, finanziert.[14]

Die Futurible-Gruppe[15] hatte bis dahin sehr an Gewicht gewonnen: so sind zwischen 1961 bis 1964 im Bulletin des SEDEIS (Societé d'Etudes et de Documentation Economiques Industrielles et Sociales) 130 Aufsätze veröffentlicht worden und es wurden mehrere Konferenzen (Juni 1962: Genf, Juli 1963: Paris, Dezember 1964: Yale University) zu methodischen Fragen der Zukunftsforschung veranstaltet.[16] Ab 1963 wurden, lt. Durance[17], die Studien der Gruppe auch in einer Reihe der französischen Arbeitgeberorganisation MEDEF in französischer Sprache, ab 1965 auch in englischer Sprache, herausgegeben.

Die Beratungstätigkeit der FAI, sowie das *Journal Futuribles* wurden ab 1975 von seinem Sohn *Hugues de Jouvenel* entwickelt.[18]

Nach Ansicht von Steinmüller[19] lag die Begründung für Bergers Institutsgründung 1957 (Anm.: *des Centre International de Prospective*) in einer ähnlichen Unzufriedenheit mit der kurzfristigen Extrapolationen – der damals üblichen *prévision* – begründet, wie sie später auch von Jouvenel formuliert wurde. Genau wie Berger betonte auch Jouvenel in der   »

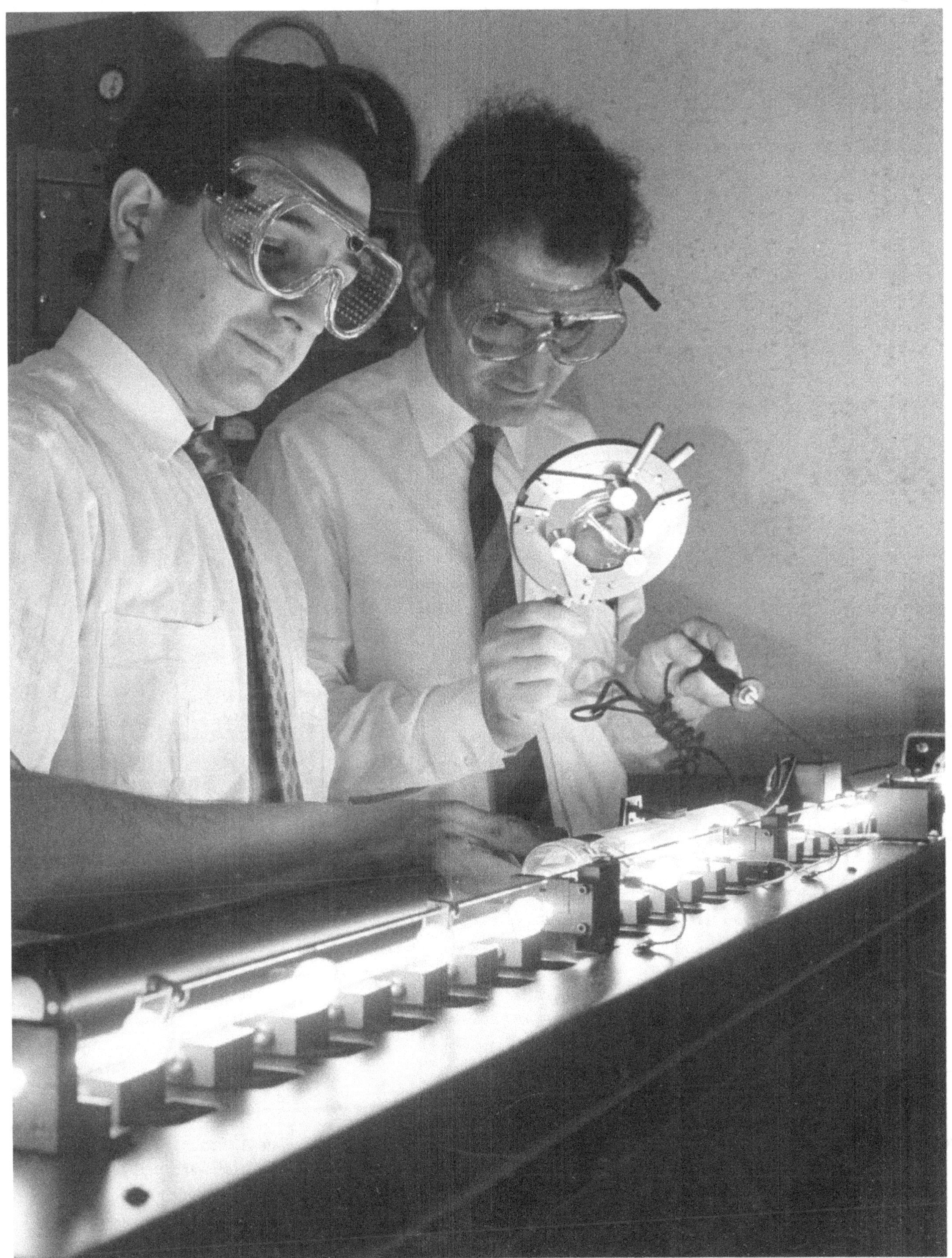

Experiment ausgeführt im Electronics Resource Centers Space Optics Laboratory (© NASA; 1964 – 1970)

SPACE, SCIENCE & FICTION II

Raumfahrtpioniere & ihre Science Fiction Romane

KONSTANTIN E. ZIOLKOWSKI (1857 - 1935)	1890 begründete Ziolkowski mit seiner Theorie des Raketenantriebs die Raketenwissenschaft. Seit frühester Jugend träumte er vom Reisen zu den Sternen, im Unterschied zu den meisten anderen allerdings, machte sich der russische Mathematiklehrer auch die Mühe, seine Träume und Fantasien wissenschaftlich zu ergründen. Er entwarf auch einen künstlichen Satelliten, den er Sputnik nannte.	- Na Lune / Auf dem Monde (1893) - Grjozy o Zemle i Nebe / Träumereien über Erde und Himmel (1895) - Vne Zemli / Auperhalb der Erde (1920)
HERMANN OBERTH (1894 - 1989)	Oberths Bücher, *Die Rakete zu den Planetenräumen* (1923) und *Wege zur Raumschifffahrt* (1925), haben viele SF-Autoren inspiriert. Er diskutiert darin nicht nur Themenkomplexe wie Bauweise, Antrieb, Steuerung usw., sondern nimmt auch die Nutzung von Raketen in den Blick, wobei er auf futuristische Ideen wie Weltraumstationen und Reisen auf fremde "Weltkörper" zu sprechen kommt.	- Auszug aus einer Novelle in Wege zur Raumfahrt (1929)
MAX VALIER (1895 - 1930)	Dass Raketenreisen zum Mond zunehmend ein Modethema wurden, hing u. a. mit den Popularisierungsbemühungen von Hermann Oberth, Max Valier, Fritz von Opel und dem *Verein für Raumschiffahrt*, gegründet 1927, zusammen. Biografien über Valier titeln z. B. *Ein Vorkämpfer der Weltraumfahrt* (Esser), oder *Ein Leben für eine Idee. Der Raketenpionier* (Brandecker). Valier, der auch selbst Versuche mit Raketen unternommen hat, starb 1930 bei der Explosion einer Versuchseinrichtung.	- Auf Kühner Fahrt zum Mars (1927)
LAURENCE E. MANNING (1899 - 1972)	Manning war Mitbegründer und in den 1930er Jahren Präsident der *American Interplanetary Society*. Der Episodenroman *The Man Who Awoke* thematisiert Raumfahrt nicht. In seinem Streben nach wissenschaftlicher Untermauerung ging Manning sogar so weit, in einer seiner Stories, die in einem der Pulp-Magazine erschien, die Ziolkowskische Raketengleichung mit Wurzelzeichen usw. einzufügen! Neben Manning schrieben auch die späteren Präsidenten der *American Rocket Society* G. Edwards Pendray und Nathan Schachner für SF-Magazine, allerdings unter Pseudonym	- The Man Who Awoke / Der Jahrtausendschläfer (1933) - Wreck of the Asteroid (1932/3)
ARCHIBALD MONTOGMERY LOW (1888 - 1956)	Low, ein englischer Wissenschaftler, Erfinder und Schriftsteller, war für einige Jahre Präsident der *British Interplanetary Society*. Er verfasste auch zwei futurologische Werke, *The Future* (1925) und *It's Bound to Happen* (1950).	- Adrift in the Stratosphrere / Steuerlos in der Stratosphere (1937) - Mars Breaks Through (1937)
WERNHER VON BRAUN (1912 - 1977)	Wernher Magnus Maximilian Freiherr von Braun verwirklichte seine visionären Raketen-Experimente mit Hilfe der Nazis und unter Einsatz von KZ-Häftlingen und Zwangsarbeitern, die für den Bau der "Vergeltungswaffe" (V2) herangezogen wurden. Nach dem Krieg genoss er als leitender Angestellter der NASA hohes Ansehen.	- First Men in the Moon / Erste Fahrt zum Mond (1958)
ARTHUR C. CLARKE (1917 - 2008)	Clarke, heute vor allem als einer der namhaftesten SF-Autoren bekannt, war während des Zweiten Weltkrieges Radar-Instruktor der RAF und ist durch zahlreiche Artikel und Sachbücher zur Raumfahrt hervorgetreten. Von ihm stammt insbesondere die Idee des Kommunikationssatelliten (Extraterrestrial Relais, in Wireless World, Oct. 1945, p 305ff). Clarke trat mit siebzehn Jahren der *British Interplanetary Society* bei, war ab 1937 ihr Schatzmeister und 1946/47 sowie 1950 - 53 ihr Vorsitzender. Aus diesen Gründen wird er hier unter die Raumfahrtpioniere gezählt.	- Against the Fall of Night / Vergessene Zukunft (1948) - Kurzgeschichte The Sentinel von 1948, Grundlage für späteren Roman 2001: Odyssee im Weltraum und Drehbuch (gemeinsam mit Stanley Kubrick) - Childhood´s End / Die letzte Generation (1950) - Prelude to Space / Die Erde läßt uns los (1952)

„Kunst der Vorausschau" die Notwendigkeit der *Prävision* und plädierte für eine sozialwissenschaftliche Zukunftsforschung, deren primäre Orientierung nicht die „technological forecast" sondern die Bereitstellung von Wahlmöglichkeiten für Entscheidungsträger ist, um gesellschaftspolitische „Zugzwang-Situationen" zu vermeiden.[20] *Prävision* (frz. prévision) zielt darauf ab, ernsthaft bearbeitete Ansichten zu generieren, die aber immer mit Unsicherheit behaftet sind und gegenwärtig nicht verifizierbar sind.[21] Genau wie Berger plädierte somit auch er für eine nicht-deterministische Zukunftsforschung, die auch alternatives Denken und normative Elemente mit einbezieht.[22]

Umso erstaunlicher ist es, dass Jouvenel das Konzept der *Prospective* in seinem Buch *Die Kunst der Vorausschau* [23] (1964, dt. 1967) mit keinem Wort erwähnt. Berger hatte bereits 1957 mit seinem Artikel in *La Revue Deux Mondes* [24] mit dem Begriff *Prospective* den Grundstein (auch für *Futuribles*) gelegt. Godet, schreibt er, habe Jouvenel Ende der 1970er Jahre gefragt, warum er Bergers *Prospective* mit keinem Wort in seinem Buch die Kunst der Vorausschau erwähnt. Seine Antwort war: *„Welchen Sinn sollte das haben? Es ist effektiv dasselbe Konzept.“* [25]

Jouvenel hatte schon bezüglich seines Buchtitels – *Die Kunst der Vorausschau* – klargelegt, dass er die prävisionelle Tätigkeit als Kunst betrachtet, deren Produkt immer nur eine mehr oder minder gut begründete Vermutung sein könnte und dieses eben nicht als Wissenschaft verstand. Die Mutmaßungen über Zukunft, die „futuribles“, wollte Jouvenel …

„… als Aussagen über einen augenblicklich möglich erscheinenden Nachfolgezustand des gegenwärtigen Zustands verstanden wissen, die aus einer begründeten Vermutung gewonnen worden waren.“ [26]

Die „futuribles“ sind „futur possibles“, mögliche Zukünfte, die von der Gegenwart abstammen und Jouvenels zentraler Begriff im Bereich der Zukunftsforschung wurde.

„Der Ausdruck futuribles *ist der Ausdruck einer intellektuellen Unternehmung. Er ist gewählt worden, weil er das bezeichnet, was unserer Auffassung nach das Ziel des auf die Zukunft gerichteten Denkens ist. Dieses Denken vermag nicht mit Sicherheit die futura, die Dinge, die sein werden, zu erfassen; es beschäftigt sich mit den möglichen Zukünften. Wir sollten aber den Begriff des „Möglichen“ etwas einkreisen. Es gibt eine große Zahl zukünftiger Zustände, die für unmöglich zu halten wir keinen Grund haben und die folglich nach dem Prinzip des Umkehrschlusses für möglich gehalten werden müssen. (…) Das* Futurible *ist ein futurum, das dem Geist als mögliche Nachfolge des gegenwärtigen Zustands erscheint. (…) Jede neue Gegenwart eliminiert früher in Betracht gezogene* Futurible, *fügt aber auch neue hinzu. Und das muß logischerweise so sein, denn sonst schüfe die bloße Zeitenfolge Sicherheit, was zwar in besonderen Fällen zutrifft, keinesfalls aber in dieser allgemeinen Form gültig ist. Wären wir in der Lage, in einem bestimmten Augenblick alle* Futuriblen *erschöpfend aufzuzählen, dann könnte der Zeitablauf hypothetisch diese Gesamtheit nicht mehr bereichern, sondern nur noch vermindern und daher hätte diese angenommene erschöpfende Aufzählung zur Folge, vorausgesetzt sie gelänge, daß die Unsicherheit im allgemeinen progressiv reduziert würde. Folglich müssen die* Futuriblen *als augenblicklich möglich scheinende Nachfolgen des gegenwärtigen Zustands verstanden werden.“* [27]

Bertrand Jouvenel lehnte die von Ossip Flechtheim 1943 vorgeschlagene Benennung der Disziplin als „Futurologie" mit der Begründung ab, dass dieser Begriff der Vorstellung Vorschub leiste, es wäre möglich so etwas wie sicheres Vorauswissen zu gewinnen. [28]

„Der Prävisionist, der sich darum müht, Ratschläge zu erteilen, will nicht glauben machen – und muß fürchten, glauben zu lassen – es gäbe eine Wissenschaft der Zukunft, die fähig wäre, mit Sicherheit auszusagen was sein wird. Und um diese Illusion auszuschalten, lehne ich den Begriff „Futurologie" ab. Er wäre durchaus geeignet die Gesamtheit der vorausschauenden Tätigkeit zu bezeichnen, ließe jedoch den Gedanken zu, daß die Früchte dieser Tätigkeit wissenschaftliche Ergebnisse seien, was sie nicht sein können, da (…) die Zukunft nicht der Bereich der unserem Wissen passivisch dargebotenen Dinge ist.“ [29]

In einem Artikel im deutschen Magazin *Der Spiegel* [30] schreibt Flechtheim:

„Jouvenel lehnt zwar den von mir 1943 geprägten Begriff Futurologie *ab, da er angeblich eine Sicherheit der Voraussage verspreche, die nicht zu erreichen sei. Doch ob er es wahrhaben will oder nicht, Jouvenel selbst ist und bleibt nicht nur ein 'Künstler' der Vorausschau, sondern auch ein Bahnbrecher auf dem Gebiet, das vor bereits hundert Jahren Friedrich List als 'Wissenschaft der Zukunft' bezeichnet hat und das heute in Deutschland und im Ausland immer häufiger auch als* Futurologie *bezeichnet wird – ein Begriff, der schließlich auch den Vorteil hat, daß er überall in der Welt leicht verstanden werden kann.“*

Deutlicher untermauert Flechtheim sein Konzept fünf Jahre später in seinem Buch *Futurologie. Der Kampf um die Zukunft:*

„Hier ist ein Missverständnis B. Jouvenels zu berichtigen. Dieser beanstandet den Terminus Futurologie, *da dieser uns glauben lasse, es gäbe eine Wissenschaft der Zukunft, die fähig wäre, mit Sicherheit vorauszusagen, was sein wird. Nach Jouvenel wäre der Begriff* Futurologie *durchaus geeignet, die Gesamtheit der vorausschauenden Tätigkeit zu bezeichnen, ließe jedoch den Gedanken zu, daß die Früchte dieser Tätigkeit wissenschaftliche Ergebnisse seien, was sie nicht sein können. (…) Nun habe ich aber nicht nur selber einen anderen Wissenschaftsbegriff vorausgesetzt: Wenn ich von einer* Science of the Future *gesprochen habe, so doch vor allem im Sinne einer* Science of Probability *– d. h. einer Wissenschaft der Wahrscheinlichkeiten. Hinzu kommt, daß alle Sozialwissenschaften einschließlich der Soziologie und der Politologie stets und überall nicht nur deduktive* »

Aussagen über sichere Zusammenhänge kennen, sondern vor allem auch induktive Aussagen über größere oder geringere Wahrscheinlichkeiten. Gewiss hat auch gerade in den futurologischen Sektoren der betreffenden Sozialwissenschaften die Kategorie der Wahrscheinlichkeit oder auch der Möglichkeit im Gegensatz zu dem der Sicherheit oder Wirklichkeit ein besonders großes Gewicht. Im Prinzip unterscheidet sich aber die Futurologie von der Soziologie oder Ökonomie, ja sogar von der Psychologie oder Biologie nicht so sehr – allerdings kann der quantitative Unterschied in einen qualitativen umschlagen. Wo die Grenzlinie zu ziehen ist sollte jedoch nicht abstrakt und a priori, sondern nur konkret und a posteriori entschieden werden. So wäre bei der Futurologie zu fragen, ob die Zahl und das Gewicht der Prognosen, die hier mit an Sicherheit grenzender Wahrscheinlichkeit gewagt werden können, mit Anzahl und Bedeutung der Voraussagen in den anderen Wissenschaften vergleichbar ist. Diese Frage unterstellt allerdings schon, dass sich die Futurologie nicht mit zukunftsorientierten Teilen der verschiedenen Disziplinen überschneidet, vielmehr diese Aspekte aus den betreffenden Wissenschaften ganz herauslösen möchte. Nur dann ist es sinnvoll zu fragen, ob die so konstituierte selbständige Futurologie, verglichen mit den verbleibenden Wissenschaften, noch wissenschaftlich wäre" [31]

Im Übrigen betrachtet auch der deutsche Zukunftsforscher Karlheinz Steinmüller[32] den Begriff „Futurologie" kritisch. Für ihn liegt das Problem darin, dass er zu leicht eine Assoziation mit Astrologie zulässt und dies die Skepsis einer neuen Wissenschaft gegenüber verstärkt.

VERGESSEN SIE JOUVENEL.

Die Etikettierung Jouvenels ist durchaus unterschiedlich: von der irrtümlichen Behauptung er sei ein Nazikollaborateur gewesen (1983), über „liberal" bis „libertär", möchte ich in diesem Artikel eine weitere hinzufügen: er war ein klassisch katholisch-konservativer Philosoph: trotz seiner sehr staatskritischen Haltung, weigerte er sich, den Staat ausschließlich als Feind und notwendiges Übel zu betrachten und er betonte die Wichtigkeit der Bindungen und Einbettung der Zivilgesellschaft. Seine Arbeit nahm außerdem viele Anleihen, bei *Luis de Molina* einem spanischen Jesuiten des 16. Jahrhunderts.[33]

Dass er als Zukunftsforscher (außerhalb Frankreichs) nur eine bescheidene Rolle in der gegenwärtigen Debatte einnimmt, liegt nach Steinmüller[34] in der mangelnden Operationalisierbarkeit und damit herausfordernder Anwendung seiner Konzepte begründet (im Gegensatz zur Szenario-Technik etwa).

Aber seine Arbeit bleibt wichtig für all diejenigen, die die politische und kulturelle Debatte zu gesellschaftlichen Zukunftsentwürfen aus konservativer Sicht verstehen wollen. «

LITERATURVERWEISE:

1 Anmerkung: siehe dazu den Artikel von *Henri de Jouvenel:* „La Paix Francaise", Foreign Affairs, Januar 1933

2 Das Interview mit Adolf Hitler wurde veröffentlicht in Paris-Midi, 28. Februar 1936

3 Zur Geschichte der französischen Radikal-Sozialisten: http://www.sartre.ch/Radikalsozialist.pdf

4 *Hale, Denis; Landy, Marc:* The Nature of Politics. Selected Essays of Bertrand de Jouvenel; Transaction Publishers, 1992 (orig. 1987, Schocken Books), S. 48

5 *Anderson, Brian C.:* Bertrand de Jouvenel´s Melancholy Liberalism; National Affairs, Vol. 143, Spring 2001

6 *de Jouvenel, Bertrand:* Über die Staatsgewalt. Die Naturgeschichte ihres Wachstums; Rombach, Freiburg Breisgau, 1972

7 *de Jouvenel, Bertrand:* The Ethics of Redistribution; 1951; neu: Gerhard Habermann (Hrsg.): Die Ethik der Umverteilung; Olzog Verlag, 2012

8 *Mietzner, Dana:* Strategische Vorausschau und Szenarioanalysen. Methodenevaluation und neue Ansätze; Dissertation, GWV Verlag, Wiesbaden, 2009, S. 107; vgl. Steinmüller, 1997, S. 10

9 *Uerz, Gereon:* Übermorgen. Zukunftsvorstellungen als Elemente der gesellschaftlichen Konstruktion der Wirklichkeit; Wilhelm Fink, 2006, S. 264

10 *Durance, Philippe:* Reciprocal influences in future thinking between Europe and the USA; in: Technological Forecasting & Social Change, Elsevier, Nr. 77, 2010, S. 1473

11 *Cornish, Edward:* Futuring. The Exploration of the future. World Future Society, 2004; S. 192

12 Godet, 2008, S. 17 die Übernahme des CIP 1972 auch in Durance, 2010, S. 1473

13 Anmerkung: DATAR: gegründet 1963 von der französischen Regierung mit der Ziel Konzepte für die Regionalentwicklung zu erarbeiten; http://www.datar.gouv.fr/

14 Durance, 2010, S. 1473

15 http://www.futuribles.com/en/

16 *Cornish, Edward:* Futuring. The Exploration of the future; World Future Society, 2004; S. 192

17 Durance, 2010, S. 1473

18 Godet, 2008, S. 17

19 Steinmüller, 1997, S. 10

20 Uerz, 2006, S. 269

21 Uerz, 2006, S. 266

22 *de Jouvenel, Hugues:* Die Futuribles-Gruppe; in: *Kreibich, Rolf; Steinmüller, Karlheinz; Zöpel, Christoph* (Hrsg.): Beyond 2000. Herausforderungen für die Zukunftsforschung. Dokumentation der SFZ-Sommerakademie 1996; SFZ-WerkstattBericht Nr. 20, 1997

23 *de Jouvenel, Bertrand:* Die Kunst der Vorausschau; Luchterhand Verlag, Neuwied, Berlin, 1967

24 *Berger, Gaston:* Human Science and Forecasting; La Revue des Deux Mondes, 3. Februar 1957

25 *Godet, Michel:* Foreword; in: *Michel Godet, Philippe Durance, Adam Gerber:* Strategic Foresight. La Prospective. Use and Misuse of Strategic Scenario Building; Cahier du LIPSOR, Research Working Paper, No.10, 2008, S. 9 http://en.laprospective.fr/dyn/anglais/ouvrages/sr10veng.pdf, download, December, 2013

26 Uerz, 2006, S. 266f.

27 de Jouvenel, 1967, S. 33f

28 de Jouvenel, 1967, S. 32; vgl: *Uerz, Gereon:* Übermorgen. Zukunftsvorstellungen als Elemente der gesellschaftlichen Konstruktio der Wirklichkeit; Wilhelm Fink Verlag München, 2006, S. 266

29 *de Jouvenel, Bertrand:* Die Kunst der Vorausschau; Luchterhand Verlag, Neuwied, Berlin, 1967, S. 32

30 Der Spiegel, 31/1967, http://www.spiegel.de/spiegel/print/d-46251844.html

31 *Flechtheim, Ossip:* Futurologie. Der Kampf um die Zukunft; Fischer Verlag, 1972, S. 174f.

32 *Steinmüller, Karlheinz:* Zukunftsforschung in Deutschland. Versuch eines historischen Abrisses (Teil 1); Zeitschrift für Zukunftsforschung, Jahrgang 1 (1), 2012a, S. 12

33 Godet, 2008, S. 17

34 *Steinmüller, Karlheinz:* Szenarien - Ein Methodenkomplex zwischen wissenschaftlichem Anspruch und zeitgeistiger Bricolage; in: *Reinhold Popp* (Hrsg.): Zukunft und Wissenschaft. Wege und Irrwege der Zukunftsforschung; Springer Verlag, 2012b, S. 101 - 137

Das Innenleben dieser Delta-Rakete: Der Goddard-Geophysik-Forschungs-Satellit (© NASA; 1976)

Start einer Soyuz Trägerrakete in Baikonur, Kazakhstan. Der Start war Teil des Apollo-Soyuz Projekts, eine kooperative Raummission der USA und UdSSR. (NASA, 1975)

„Man muss hinzufügen, dass Flechtheim Futurologie eindeutig als Gegensatz zum wissenschaftlichen Kommunismus verstand, obwohl es zum Allgemeinwissen gehört, daß es der Marxismus war, der vor mehr als einem Jahrhundert das Studium der zukünftigen Gesellschaftskonzepte auf eine wissenschaftliche Grundlage stellte." [1] *Igor Bestuschew-Lada*

ZUKUNFTSFORSCHUNG IN DEN SOZIALISTISCHEN STAATEN

TEXT: CHIARA LORENZO

Mit dem Ende der 1960er Jahre wurden auch in den vom Sowjetkommunismus geprägten Staaten, die Debatten zum Thema „Zukunftsforschung" lauter. Ein Thema das natürlich auf Polemik stoßen musste, denn es galt die offizielle Doktrin, dass nur die Wissenschaftswissenschaft des Marxismus-Leninismus solche Analysen zu treffen vermag.

Die Frage der Entwicklung der Disziplin „Zukunftsforschung" im sowjetischen Einflussbereich ist nicht einheitlich zu beantworten. In der Tschechoslowakei gilt der *Richta-Report* (1967/68), benannt nach dem Philosophen und Vorsitzendem der Tschechoslowakischen *Akademie der Wissenschaften,* als Startpunkt der Zukunftsforschung. Der Report entstand unter Mitarbeit von 80 Experten aus verschiedenen Forschungsbereichen und wurde in Frankreich, Italien und der Sowjetunion publiziert.[2] Der Jubel Robert Jungks über den Bericht in der *Zeit* 1968, ist wohl der Euphorie jener Jahre zuzuordnen.[3]

SOWJETISCHES ZUKUNFTSDENKEN

Mit der Amtsnahme von Premier Alexei Kosygin 1965 bekam auch die Futurologie in der Sowjetunion eine neue Dynamik, nach Randolph[4] wurde sie sogar wichtiger als die anderen staatlichen Planungsprozesse. Die Prognostik war zuvor in den 1930er Jahren stecken geblieben, aus dem simplen Grund, dass die meisten Sozialwissenschaftler in etwa zu dieser Zeit verstarben, oder vor Repressionen fliehen mussten[5]

So wurde im Jahr 1967 am Institut der Internationalen Arbeiterbewegung in Moskau das *Institut für soziale Prognostik* als erste sowjetische Prognose-Einrichtung eingerichtet und 1969 in die *Sowjetische Akademie der Wissenschaften* eingegliedert.[6]

Sergej Vladimirov bezeichnete in der Zeitschrift der *Wissenschaftlich-Technischen Gesellschaft der UdSSR* (NTO SSSR) die Futurologie als die Wissenschaft des 20. Jahrhunderts.[7] 1970 verfasste der antisozialistische, russische Dissident Andrej Amalrik den Essay: *„Kann die Sowjetunion das Jahr 1984 erleben?"* [8] Darin diskutierte er den Zerfall der Sowjetunion aufgrund von Hochrüstung und Krieg, eine Integration der baltischen Staaten in ein kapitalistisches Osteuropa, die Wiedervereinigung der DDR mit der BRD für die 1980er Jahre als mögliche Entwicklungen.[9]

Ausgesprochen kritisch wurde die Disziplin und ihre Intention schon sehr früh diskutiert:

Nikolai Gribacev, Journalist der sowjetischen Tageszeitung *Pravda*, hatte Flechtheim bereits 1967 in die Reihe der „stillen Kreuzfahrer" im Kampf gegen die Sowjetunion eingereiht.[10] Der Historiker Daniil Melnikow erkannte, dass

„der bürgerliche Prognostiker, mag er auch ein überzeugter Anhänger des kapitalistischen Systems sein, genötigt [ist], harte Kritik an dem Konservatismus, der Voreingenommenheit und der Verantwortungslosigkeit der im Westen herrschenden Doktrinen und an dem verknöcherten politischen Denken der Politiker und Staatsmänner zu üben".[11]

Bestritten wird der wissenschaftliche Charakter der „bürgerlichen" Futurologie gänzlich von Georgi Schachnasarow, dessen Buch[12] als Antwort auf Zbigniew Brezinskis (zu dieser Zeit Mitglied in der US-amerikanischen *Commission for the Year 2000*) Veröffentlichung *"Between two Ages"* [13], in dem er den USA in sämtlichen relevanten Politik- und Wirtschaftsbereichen erdrückende Überlegenheit prognostizierte, zu verstehen war.

»

Kosmonaut Aleksey A. Leonov (links) und Astronaut Thomas P. Stafford, Kommandanten beim gemeinsamen Crew-Training, Apollo-Soyuz Test Projet, kooperative Raummission USA und UdSSR. (NASA, 1975)

Während viele sowjetische Wissenschaftler den wissenschaftlichen Charakter der „bürgerlichen Futurologie" verleugnen, wird den sowjetischen Wissenschaftern ähnliches von John Erickson[14] diagnostiziert, indem er höhnisch anmerkt, sowjetische Wissenschaftler würden den dialektischen Materialismus als Instrument sowohl für Erklärung als auch Prognose verwenden.

Der bekannteste Zukunftsforscher der UdSSR, Igor Bestushew-Lada, schreibt 1984:

„In sowjetischen wissenschaftlichen Zeitschriften wurde der Gedanke entwickelt, dass es vergeblich sei, die Zukunft sozialer Erscheinungen, die sich im Prinzip leiten lassen, darunter die Zukunft der Wirtschaft und Kultur, auf dieselbe Weise vorauszusagen wie das Wetter oder ein Erdbeben. Planung und Leitung in diesem Bereich müssen durch die Gegenüberstellung von Voraussagen zweier Typen begründet werden: des „genetischen" Typs, das heißt der Extrapolation der festgestellten Tendenzen in die Zukunft mit dem Ziel, künftige soziale Probleme zu klären, die durch Methoden der Leitung gelöst werden müssen; und des „teleologischen" Typs, bei dem alternative Wege zur Lösung des Problems aufgrund eines vorgegeben Optimismus ermittelt werden. Drei Jahrzehnte später sollte diese Entdeckung, wie wir sehen werden, unter ganz anderem Namen eine wichtige Rolle bei der Herausbildung der Instrumente für heutige Untersuchungen der Zukunft spielen."[15]

ZUKUNFTSFORSCHUNG IN DER DDR

In der DDR erhoben in den späten 1960er Jahren verschiedene Autoren die Forderung, der Gesellschaftsprognostik mehr Raum zu gewähren. Der Mensch sei ein *Homo prognosticus*, schreibt der Autor Günter Heyden und weist darauf hin, dass *„Gesellschaftsprognosen als selbständige Wissenschaftsdisziplin auszuarbeiten"*[16] sind. In einer anderen, etwas später veröffentlichten DDR-Publikation hieß es, Prognostik sei der *„Kompaß auf dem Weg in die Zukunft".*[17] Der DDR-Wissenschaftler Herbert Edeling schreibt …

„… von der objektiv existierenden Dialektik zwischen der Prognostik, der Planung und der planmäßigen Gestaltung der gesellschaftlichen Entwicklung im Sozialismus"[18]

Alfred Böhnisch, einer der wenigen Futurologen dessen Werk auch in der BRD rezipiert wurde, hält aber auch fest:

„Im Sozialismus geht es der Zukunftsforschung nicht um den Erhalt einer überlebten Gesellschaftsordnung, sondern um die allseitige Entwicklung einer progressiven Ordnung."[19]

Gemäßigte Positionen vertraten Frank Fiedler und Werner Müller, die Futurologie als Konzept zwar ablehnten, da der Marxismus-Leninismus die alleinige Wissenschaft von der Zukunft sei, aber einen Dialog mit den „kritischen Futuristen" (wie z.B Robert Jungk oder Ossip Flechtheim) begrüßten.[20] Eine wohlwollende Auseinandersetzung mit der Futurologie stammt auch von Manfred Krautz[21] und Dieter Grohmann.[22]

„Allein der Marxismus-Leninismus vermag heute wissenschaftlich begründete Vorstellungen über die Zukunft der menschlichen Gesellschaft zu entwickeln und entsprechende Prognosen aufzustellen." *Alfred Böhnisch*

Kritischer war Thomas Pfau[23], der — ebenso wie Nikolai Gribacev — selbst im politisch weit-links stehenden Ossip Flechtheim eine Art „stillen Kreuzfahrer" gegen die Interessen des Sozialismus erkannte. In der Ostberliner Zeitschrift *Weltbühne*[24] schreibt Jürgen Kuczynski, Ossip Flechtheim sei ein *„ideologischer Feind"*, dessen *„Äußerungen bekämpft werden müssen"*.

Alfred Böhnisch entwickelte dazu, wie bereits erwähnt, sehr ambivalente Standpunkte. Ganz aus der Position der Überheblichkeit des marxistisch-leninistisch Philosophen argumentierend, sah er insbesondere die sozialdemokratisch-motivierte Zukunftsforschung ausschließlich als trojanisches Pferd zur Unterwanderung des Sozialismus.

Bei Böhnisch heißt es etwa:
„Allein der Marxismus-Leninismus vermag heute wissenschaftlich begründete Vorstellungen über die Zukunft der menschlichen Gesellschaft zu entwickeln und entsprechende Prognosen aufzustellen."[25]
Und weiter:
„Die Futurologie ist, wie viele andere Erscheinungen des heutigen Kapitalismus, ein Ausdruck der Verwandlung des Staates in eine soziale und ökonomische Potenz, die vor allem mit der Entstehung der Monopolunternehmen begann und im staatsmonopolistischen Kapitalismus eine umfassende Ausprägung erfuhr."[26]

Die bürgerliche Zukunftsforschung der damaligen BRD war nach Böhnischs Ansicht nur ein Versuch des „Sozialdemokratismus", um dem Sozialismus nicht die geringste Chance zu lassen — ein „frommer Wunsch" der weder real noch zukunftsfähig ist.[27] Auch in den Ausführungen von Herman Kahn & Anthony J. Wiener[28] — dass die Futurologie …
„... Einfluss nehmen soll auf grundlegende Überzeugungen und Annahmen", um *„politische Entscheidungen tatsächlich in eine bestimmte Richtung zu lenken"*
— ist nach Böhnisch zu erkennen, dass die …
„... imperialistische Futurologie, neben ihrer Hilfestellung bei der Kapitalvermehrung, dafür sorgen soll, das Klassenbewusstsein der Arbeiterklasse zu schwächen, die Arbeiter in das imperialistische Herrschaftssystem zu integrieren und die sozialistische Gesellschaftstheorie und -praxis zu verleumden."[29]

Trotzdem sieht er in manchen Futurologen Verbündete:

„Obwohl viele humanistisch gesinnte bürgerliche Zukunftsforscher ihre Ziele noch nicht mit der notwendigen Erkenntnis der Gesetzmäßigkeit des Überganges zum Sozialismus als Voraussetzung für die Realisierbarkeit ihres Anliegens verbinden, sind einige von ihnen objektiv potentielle Verbündete der Arbeiterklasse"[30].

Böhnisch sah in Karl Steinbuch[31] sicherlich keinen Verbündeten. Steinbuch, einer der bekanntesten Informatiker der damaligen BRD, war ein sog. „Establishment-Futurologe" und galt daher der damaligen Dichotomie folgend, als Gegenpol der „kritischen Futurologen" — wie z. B. Ossip Flechtheim. Steinbuch war Kybernetik-Professor in Karlsruhe, galt bis 1971 als Stichwortgeber für die SPD[32] und engagierte sich im Bundestagswahlkampf 1969 für Willy Brandt.[33] Er wechselte allerdings 1972 zur CDU. Auch war Böhnischs Analyse, dass *„Steinbuch nicht zu den ökonomischen und politischen Ursachen für den permanenten Krisenzustand der überlebten kapitalistischen Gesellschaftsordnung vordringt"*[34] — also die Enthüllung Steinbuch wäre kein Marxist — nicht sonderlich überraschend.

PRIORITÄTSSTREIT: BUDAPEST — WARSCHAU
Im Jahr 1968 gründet Geza Kovacs[35], Professor an der nationalen Planungsabteilung der Budapester *Karl-Marx Universität für Ökonomie*, das erste *Forschungsseminar für Futurologie* in Ungarn.[36]

An der Polnischen Akademie der Wissenschaften wurde das Komitee *Polen im 21. Jahrhundert* 1969 gegründet.[37] Das heißt die Ansicht Steinmüllers[38], Polen könnte auf die längste, ungebrochene Tradition in der Zukunftsforschung verweisen, scheint nicht unbedingt auf das Gründungsdatum bezogen.

Zu den bekanntesten Mitgliedern des Komitees gehörten neben dem vielfach zitierten Science Fiction Autor Stanislav Lem auch der sehr bekannte Journalist Ryszard Kapusinski.[39] Eher ungewöhnlich für einen osteuropäischen Wissenschaftler zu dieser Zeit war, dass Lem die bahnbrechenden system- und informationstheoretischen, neurophysiologischen und computerwissenschaftlichen Arbeiten von John von Neumann, Julian Bigelow, Heinz von Förster, Norbert Wiener u. a. kannte, die seit dem Ende der 1940er Jahre die Grundlagen der Kybernetik erarbeitet hatten.(siehe dazu etwa Lem'sche Schautafeln S. 44, S. 51)   »

Die Verankerung der Prognostik im Marxismus-Leninismus verhinderte jede erkenntnistheoretische Reflexion. Auch die im Westen diskutierten partizipatorischen Maßnahmen waren in der „Diktatur des Proletariats" natürlich nicht möglich.

RUMÄNIEN

In Rumänien war es der Forscher Pavel Apostol, ein marxistischer Kritiker der „bürgerlichen Futurologie", der sich mit Zukunftsforschung beschäftigte.[40] Pavel Apostol betonte 1970 den „zufälligen Charakter" der Bemühungen, die sozialen Beziehungen der gegenwärtigen Gesellschaften zu verbessern.

„Es ist jedoch keine absolute Zufälligkeit sondern eine konkrete, relative, bedingte, die in entsprechend konditionierten Ketten der Wahrscheinlichkeit zum Ausdruck kommt"[41]

Es waren diese Äußerungen die Flechtheim die Mutmaßung anstellen ließ,

„ob nicht gerade im Bereich der Zukunftsforschung ein kritischer Marxist und ein kritischer Nicht-Marxist einander näher stehen als die Kritiker und Dogmatiker in den jeweiligen Lagern."[42]

Interessant an Apostol ist auch, dass er sich explizit positiv auf die von Olaf Helmer in *Social Technology*[43] vorgestellten Methoden der *Operations-Research* bezog. Das ist für einen marxistischen Futurologen ungewöhnlich, da Helmer für die RAND-Corporation tätig war und deswegen als Prototyp des „Establishment-Futurologen" galt.[44]

ANNÄHERUNG ODER DIALOG?

Die politisch links-stehenden Autoren Olaf Schwencke und Dieter Pforte schrieben bereits 1973 eher ernüchtert, dass der von kritischen, westlichen Futurologen angestrebte Dialog in Form einer Annäherung zwar zustande kam (Konferenzen 1968 Oslo, 1970 in Osaka und 1972 in Bukarest) — ein eigentlicher Dialog fand allerdings nicht statt. Systematische Zukunftsforschung westlichen Zuschnitts wurde, wenn diese Konzepte überhaupt vergleichbar sind, nur in einer sehr kurzen Phase vom Ende der 1960er an betrieben und viele Institutionen wurden bereits in der frühen Breschnew-Ära wieder geschlossen.[45] Ansonsten wurden prognostische Aktivitäten ausschließlich im Rahmen der staatlichen fünf bzw. sieben Jahrespläne erarbeitet.

Durch die Verankerung der Prognostik im Marxismus-Leninismus wurde jede erkenntnistheoretische Reflexion verhindert. Auch die im Westen diskutierten partizipatorischen Maßnahmen waren in der „Diktatur des Proletariats" natürlich nicht möglich.[46]

Die wesentliche Stoßrichtung der marxistischen Futurologie war (und blieb) die Negation „bürgerlicher" Futurologie.[47]

«

LITERATURVERWEISE:

1 Igor Bestuschew-Lada: *Bürgerliche „Futurologie" und die Zukunft der Menschheit*; in: Alvin Toffler (Hrsg.): *Kursbuch ins dritte Jahrtausend*; Scherz Verlag, Wien, München, 1973, S. 240

2 Frantisek Petrasek: *Future Studies in the Czech Republic*; in: Erzsebet Novaky: *Future Studies in the European Ex-Socialist Countries*; Future Studies Center, University of Budapest, 2001; S. 48f

3 Robert Jungk: *Prag hat seinen Brain Trust*; in: Die Zeit, Nr. 15, 1968; zit. in: Keßler, 2007, S: 160

4 Robert H. Randolph: *Scientific and Technological Forecasting in the USSR*; Stanford University Dissertation, 1980, S. 101 — 117

5 Gordon L. Rocca: *A second Party in our Midst: The History of the Soviet Scientific Forecasting Association*; in: Social Studies of Science, 1981, 11.2, S. 199 — 247

6 Uerz, Gereon: *Übermorgen. Zukunftsvorstellungen als Elemente der gesellschaftlichen Konstruktion der Wirklich-

keit*; Wilhelm Fink, 2006, S. 274; zum Niedergang in der Breschnew-Ära: Igor V. Bestuzhev-Lada: *A Short History of Forecasting in the USSR, 1927 — 1990*; in: Technological Forecasting and Social Change, Vol. 41, No. 3, 1992

7 Sergej Vladimirov: *Futurologija: Nauka XX veka*; in: NTO SSSR, Nr. 7 ,1968, S. 22

8 Andrej Amalrik: *Kann die Sowjetunion das Jahr 1984 erleben? Ein Essay*; Zürich, 1970, S. 73

9 Keßler, 2007, S. 196

10 Nikolai Gribacev: *Tichye krestonoszy*; Pravda, 29. September, 1967

11 Daniil Melnikow: *Futurologie*; in: Die Presse der Sowjetunion, (Ost-)Berlin, Nr. 82, 1969, S. 6

12 Georgij Schachnasarow: *Fiasko futurologii*; Moskau, 1979, S. 343; (Futurology Fiasco - A Critical Study of Non-Marxist Concepts of how Society Develops; Moskau, Progress Publishers, 1982)

13 Zbigniew Brezinski: *Between two Ages. America's Role in the Technetronic Era*; Viking Press, New York, 1970

14 John Erickson: *The Soviet Union, the future and futures research*; in: Futures, 10.4, 1977, S. 335 - 339

15 Igor Bestushew-Lada: *Die Welt im Jahr 2000. Eine sowjetische Prognose für unsere Zukunft*; Dreisam Verlag Freiburg/Br., 1984, S. 12f

16 Günter Heyden: *Gesellschaftsprognostik - Probleme einer neuen Wissenschaft*; Berlin (Ost), 1968, S. 7

17 Reinhard Göttner, Peter Fischer: *Was soll, was kann Prognostik?* Leipzig, 1973, S. 40

18 Herbert Edeling: *Prognostik und Sozialismus;* Berlin (Ost), 1968, S. 209

19 Alfred Böhnisch: *Futurologie. Eine kritische Analyse bürgerlicher Zukunftsforschung;* Frankfurt/ M., 1971, S. 236

20 Frank Fiedler; Werner Müller: *Zukunftsdenken im Kampf der Ideologien-eine Kritik der „Futurologie"*; in: Rolf Kirchhoff (Hrsg.): *Die marxistisch-leninistische Philosophie und der ideologische Kampf der Gegenwart;* (Ost-)Berlin, 1971, S. 216

21 Manfred Krautz: *Untersuchungen zur Futurologie im System des staatsmonopolistischen Kapitalismus Westdeutschlands;* Dissertation, TU Dresden, 1969

22 Dieter Grohmann: *Futurologie und Ethik. Eine kritische Analyse philosophisch-ethischer Probleme in der bürgerlichen*

Präsident Richard M. Nixon inspiziert das Command Module für das Apollo-Soyuz Test Projekt (© NASA; 1974)

Zukunftsforschung; Dissertation, Universität Halle, 1977

23 Thomas Pfau: *Zur Kritik der sozialpolitischen Theorien des Ossip Flechtheim;* Dissertation, Univ.Halle, 1978

24 Jürgen Kuczynski: *Futurologische Strömungen.* in: Die Weltbühne, Nr. 66, (Ost-) Berlin, 1971, S. 163

25 Böhnisch 1971, S. 13

26 Böhnisch, 1971, S. 11

27 Böhnisch, 1971, S. 10

28 Kahn, Wiener, 1968, S. 17

29 Böhnisch, 1971, S. 30

30 Böhnisch, 1971, S. 17

31 Zu Karl Steinbuch:

http://www.archiv.kit.edu/104.php?signatur=27048

32 Vgl.: gemeinsame Autorenschaft mit dem damaligen Oberbürgermeister von München Hans-Jochen Vogel: Karl Steinbuch, Hans-Jochen Vogel: *Über unsere Zukunft;* 1969

33 Achim Rudolf Eberspächer: *Zukunftsforscher in Anführungszeichen;* Reihe: „*S:Z:D Arbeitspapiere Theorie*" der Robert-Jungk-Stiftung, April 2011, S. 15

34 Alfred Böhnisch: *Futurologie. Eine kritische Analyse bür-*

gerlicher Zukunftsforschung; Frankfurt/ M., 1971 S. 14

35 Geza Kovacs: *On the History of Hungarian Futures Research. (1965-1980);* in: Ervin Bona, Eve Garbor, Pal Sarkany, David Biro: *Future Research in Hungary;* Budapest, 1983, S. 11 - 13

36 Uwe Paschert, Karlheinz Steinmüller: *Einrichtungen der Zukunftsforschung in Europa. Eine Auswahl;* in: Karlheinz Steinmüller; Rolf Kreibich; Christoph Zöpel (Hrsg.): *Zukunftsforschung in Europa. Ergebnisse und Perspektiven;* Baden-Baden. 2000, S. 176

37 Leszek Kuznicki: *Das Komitee für Zukunftsstudien der Polnischen Akademie der Wissenschaften;* in: Karlheinz Steinmüller; Rolf Kreibich, Christoph Zöpel: *Zukunftsforschung in Europa. Ergebnisse und Perspektiven;* Nomos Verlag, 2000, S. 77

38 Karlheinz Steinmüller: *Zukunftsforschung in Europa. Ein Abriß der Geschichte. In: Karlheinz Steinmüller;* Rolf Kreibich; Christoph Zöpel (Hrsg.): *Zukunftsforschung in Europa. Ergebnisse und Perspektiven.;* Baden-Baden. 2000, S. 44

39 Leszek Kuznicki: *Das Komitee für Zukunftsstudien der*

Polnischen Akademie der Wissenschaften; in: Karlheinz Steinmüller; Rolf Kreibich, Christoph Zöpel: *Zukunftsforschung in Europa. Ergebnisse und Perspektiven;* Nomos Verlag, 2000, S. 77

40 Pavel Apostol: *Der gegenwärtige Stand der Zukunftsforschung und der Anfang einer neuen Phase- aus marxistischer Sicht;* in: Dieter Pforte, Olaf Schwencke: *Ansichten einer künftigen Futurologie;* Reihe Hanser 112, München, 1973, S. 45 - 62

41 Pavel Apostol: *Marxismus und die Struktur der Zukunft;* in: analysen & prognosen, 23, 1970, S. 20

42 Flechtheim, *Futurologie,* S. 199ff

43 Olaf Helmer: *Social Technology. Basic Books;* 1966

44 Uerz, 2006, S. 311

45 Uerz, 2006, S. 274; zum Niedergang in der Breschnew-Ära: Igor V. Bestuzhev-Lada: *A Short History of Forecasting in the USSR, 1927-1990;* in: *Technological Forecasting and Social Change;* Vol. 41, No. 3, 1992

46 Steinmüller, 1997, S. 16

47 Dieter Pforte, Olaf Schwencke: *Ansichten einer künftigen Futurologie.* Hanser 112; München, 1973, S. 14

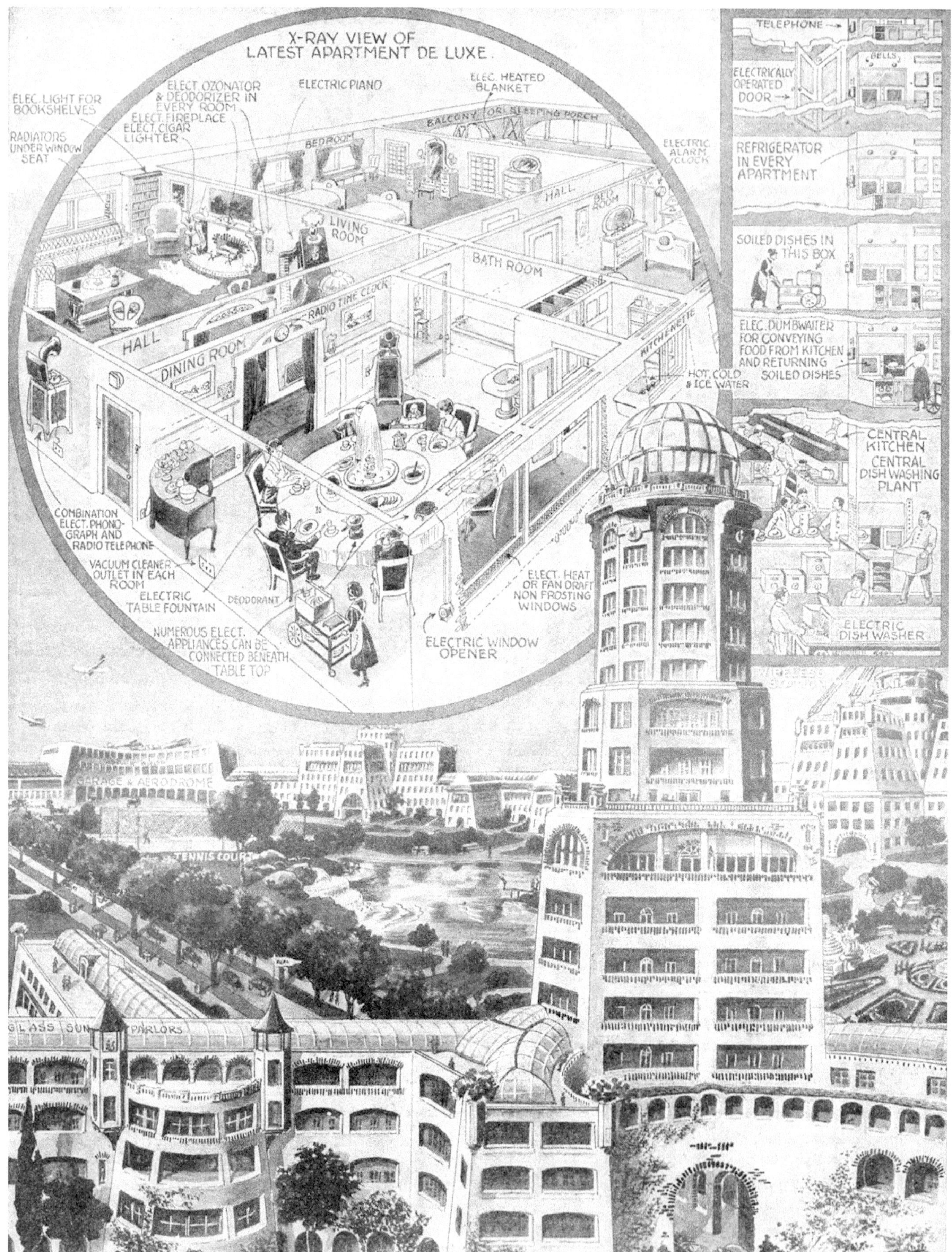

Science & Invention, 1/1922, Volume 9 ; Science in New Apartment House De Luxe, Illustration by Frank R. Paul (Experimenter Publishing Company Inc.)

Der Ahnvater der Science Fiction, Hugo Gernsback, würde heuer seinen 130. Geburtstag feiern. Mit seinen vormaligen Wonder-Storys wird heute Big-Business gemacht: Google-Brille, Sonnenenergie, Flat-Screens oder Handy. Trotzdem ist Gernsback nur Wenigen bekannt. Über den Traumdeuter der technischen Wirklichkeit sprach Jana Horvath mit Peter Weibel.

„ER IST DER FATHER OF SCIENCE FICTION."

Ein Gespräch mit Peter Weibel über Hugo Gernsback.

Herr Weibel, Hugo Gernsback hat Science Fiction popularisiert. Trotzdem ist er wenigen geläufig?

Ja. Das ist doch erstaunlich. Auch in Fachkreisen ist der Name Gernsback nur in einer kleinen Community ein Begriff. Selbst mein langjähriger Freund und Weggefährte Franz Pichler [Universitätsprofessor für Systemtheorie in Linz] und ich haben unsere gemeinsame Liebe zu Gernsback zufällig entdeckt. Und dann sind im Gespräch plötzlich eine Reihe von Verbindungen aufgetaucht. Wir entdeckten dabei, dass Freunde von ihm, die Familie Kreuzer, eine außergewöhnlich große Sammlung von Gernsbacks Werken haben und diese sich ausgerechnet in Buffalo befindet, wo ich zwischen 1984 und 1989 an der State University of New York unterrichtete!

Gibt es auch eine Verbindung mit Karlsruhe?

Gernsback wurde ja in Luxemburg geboren und den wichtigsten Teil seiner Arbeit hat er in den USA gemacht. Trotzdem ist Hugo Gernsback auch für Karlsruhe von besonderer Bedeutung. Seine Familie stammt aus dem Badischen und Karlsruhe ist bekanntlich die Hauptstadt von Baden. Außerdem wurde die Existenz der elektromagnetischen Wellen von Heinrich Hertz in Karlsruhe experimentell bewiesen [1886 – 1888].

HUGO GERNSBACK (* 16. August 1884 in Luxemburg; † 19. August 1967 in New York City

PETER WEIBEL: Seit 1999 leitet Peter Weibel das ZKM Zentrum für Kunst und Medientechnologie Karlsruhe.

Sicher ein prägendes Ereignis, nicht nur für den späteren Lebensweg des Knaben, oder?

Gernsback war von Jugend an von den elektromagnetischen Wellen und deren Anwendungen begeistert! Aber die Entdeckung der elektromagnetischen Wellen gehört sicher zu den Sternstunden für die gesamte Geschichte der Wissenschaften. Das ermöglichte ja erst die technische Entwicklung der drahtlosen Telegrafie, der Bildtelegrafie und schließlich auch den Aufbau der Radio- und Fernsehnetze. In der heutigen Zeit sind elektromagnetische Wellen die Basis für die Realisierung der mobilen Telefonie und für das Internet.

Hugo Gernsback hat von Jugend an die Bedeutung dieser Technologie verstanden. Mit seinen populären Zeitschriften hat er versucht, sie zu promoten und damit die Gesellschaft zu gestalten. Haushaltselektronik und die telematischen Technologien, wie etwa Radio und Fernsehen, alle diese technischen Innovationen wurden dadurch sichtbar und populär. Ohne seine Publikationen wäre das Gesicht Amerikas ein anderes.

»

Hugo Gernsback, Electrical Experimenter, Februar 1919.

Warum waren seine Magazine eigentlich so erfolgreich?

Zur Gestaltung seiner Magazine setzte er die damals besten Zeichner, Grafiker und Künstler ein. Besonders wichtig war Frank Rudolph Paul. Er stammte übrigens aus Wien. Er verstand es, diese Innovationen zu visualisieren. Außerdem gelang es Gernsback die besten Köpfe und Ingenieure seiner Zeit, von Nikola Tesla bis Lee de Forest und Edwin Howard Armstrong, für seine Magazine zu gewinnen.

Aber Gernsback selber war auch ein Meister der Publicity. Berühmt ist zum Beispiel das Foto Gernsbacks mit den „TV-Glasses" aus dem Jahre 1963 am Cover des LIFE-Magazins. Die „TV-Glasses" sind eine frühe Vorwegnahme der Head-Mounted Displays von Ivan Sutherland, beziehungsweise der Google-Glasses.

Es gibt auch die Ansicht, dass Gernsback mit seinen platten, technikverliebten Geschichten das Pulp-Image des SF-Genre zementierte. Da gibt es den oft gebrauchten Satz von Brian Aldiss, Gernsback sei "the worst disaster ever to hit the science fiction field".

Damit steht er aber ziemlich allein da. Ja, Gernsback war auch eine kontroverse Persönlichkeit, was etwa seine Geschäftspraktiken anbelangt. Er war sicher ein Überzeugungstäter ...

Nachdem er 1905 nach Amerika ausgewandert war, gründete er eine Vielzahl an Zeitschriften. Kaum eine hielt längere Zeit durch. Aber mit *Amazing Stories*, *Wonder Stories* und wie sie alle hießen, begann er die Popularisierung der elektronischen Kultur. Ab 1908 gab er auch zahlreiche Magazine zu technischen Themen und Erfindungen wie *Modern Electrics*, *Electrical Experimenter* und *Science and Invention* heraus.

Sie enthielten bereits viele Anleitungen zum Selbstbau technischer Geräte, was heute im Internet tägliche Praxis ist. Damit hat Gernsback die Bevölkerung erreicht, das Interesse an neuen technischen Erfindungen und Experimenten geweckt.

Da er selbst ein begnadeter Erfinder war und über eine Reihe von Patenten verfügte, konnte er seinen Enthusiasmus und seine Expertise, seine Begeisterung und seine Kenntnisse einer Vielzahl von Lesern vermitteln. Insofern ist er auch Begründer und Promoter von PUSH,

Gerade die Amerikanische Kultur hat Gernsback entscheidend geprägt. Den Fortschrittsglauben, ja das uneingeschränkte Fortschrittsparadigma hat er nicht nur breitenwirksam verankert, er hat gleichzeitig auch die Inspirationen dazu geliefert, die heute noch immer Neues anregen.

dem heute weithin geförderten *Public Understanding of Science and Humanities.*

Aber ist es wirklich legitim Gernsback als „Father of Science Fiction" zu bezeichnen? Seine Geschichten haben sich ja nicht gerade durch literarisch Qualität ausgezeichnet ...

Darum ging es ihm nicht wirklich. Seine Sache waren technikgetriebene Utopien. Und zweifelsfrei können wir behaupten, dass Gernsback dieses Genre - die Science-Fiction-Literatur - sozusagen mitbegründete.

Und was hat es mit der Kurzgeschichte „The Gernsback Continuum" von William Gibson auf sich?

Die nachhaltige Bedeutung Gernsbacks liegt ja nicht so sehr in seinem Werk als Autor oder Journalist, sondern als Visionär. Als Ideengeber können wir seine Spuren verfolgen, über Wissenschaft und Gesellschaft hinweg, über Kunst und Technik, über gestern und heute. *„Mirrorshades: The Cyberpunk Anthology"* von Bruce Sterling aus dem Jahr 1986, die auch *„The Gernsback Continuum"* enthält, ist ein gutes Beispiel dafür.

Hier finden wir vielleicht den Beginn der Cyberspace-Fiction. Eine neue Variante des utopischen Projektes der Science-Fiction. Gernsback steht also am Anfang des Cyberspace-Continuums und der Cyber-Fiction, die mehr Dystopia und weniger Utopia als die klassische Science-Fiction enthält.

Cyberpunk hieß jene dunkle Variante der optimistischen Science-Fiction, vergleichbar dem Film noir Hollywoods, jener düsteren Variante des klassischen Kriminalfilms.

Erstmals tauchte der Begriff „Cyberspace" 1982 in der Kurzgeschichte *„Burning Chrome"*, ebenfalls von William Gibson, auf. Er bezeichnete damit „mass consensual hallucination" in den Computernetzwerken der digitalen Gemeinschaft. Damit begann das Zeitalter des Cyberspace. 1984 veröffentlichte Gibson dann den Roman „Neuromancer" und hier war auch die Rede von „Matrix". In diesem Roman und in den ab 1999 nachfolgenden „Matrix"-Filmen der Gebrüder Wachowski ging es um das Überleben in einer künftigen Gesellschaft, in der die computergestützte Simulation die Realität ersetzt hat und der Mensch quasi ein Peripheriegerät der Apparatewelt wurde.

Im *„Gernsback Continuum"* wiederholt sich schleifenartig das Jahr 1980, aber aus der Perspektive des Jahres 1925. Es ist eine finstere Vision der amerikanischen Zukunft mit tollen Flugzeugen und Autos und perfekten, arischen Bürgern, aber auch mit viel Pornografie und Pathologien. Cyberpunk verkündet das Ende des goldenen Zeitalters der Science-Fiction.

Wir können daher Gernsback auch als Vater der elektronischen Kultur Amerikas bezeichnen, mit Auswirkungen bis Hollywood.

Aber ist das nicht bloßes Mimikry? Im Computerspiel Mass Effect 2 *beispielsweise kommt auch ein Raumschiff Namens* "Hugo Gernsback" *vor. Können wir Gernsback wirklich in eine Art Genealogie einordnen?*

Ja, denn er war nicht nur Visionär, sondern wichtig ist: Er hat seine Visionen auch geteilt und popularisiert. So hat er mit seinen Vorstellungen nicht nur vieles vorweggenommen, sondern auch inspiriert und angeregt. Von seinen Prophezeiungen sind viele eingetreten, z. B. Sonnenkraftwerke und TV-Flachbildschirme und drahtlose Telegrafie. Die Head-Mounted Displays mit denen man sich in virtuellen Welten bewegt. Er hat sie bereits 1936 konzipiert und heute können wir die Google-Glasses benutzen. Er hat mit seinen Magazinen von 1908 an wertvolle Anregungen für erfinderische und experimentelle Arbeiten im Bereich der Technik geliefert. Gernsback hat breit popularisiert, vor allem in der Elektrik und der damals gerade im Entstehen begriffenen Funk- und Radiotechnik.

Aber besonders die Amerikanische Kultur hat er entscheidend geprägt. Den Fortschrittsglauben, ja das uneingeschränkte Fortschrittsparadigma hat er nicht nur breitenwirksam verankert, er hat gleichzeitig auch die Inspirationen dazu geliefert, die heute noch immer Neues anregen. Gernsback ist übrigens mit seinem Vornamen auch der Namensgeber des „Hugo Award", mit dem alljährlich die besten Arbeiten in Science-Fiction ausgezeichnet werden. William Gibson, Bruce Sterling und Neal Stephenson sind nicht nur HUGO-Preisträger, sie sind so zusagen seine wilden verlorenen Söhne.

Vielen Dank für das Interview!

Spacewalk: Mission Specialist Winston Scott bei einer Extravehicular Activity, Columbia Mission STS-87 (© NASA; 1993).

Die Zukunft vorherzusagen ist ein alter Traum der Menschheit. Wie viele andere Träume ist auch das Wissen um künftige Ereignisse Fluch und Segen zugleich. Kann man am eigenen Schicksal nichts mehr ändern, so ist das Wissen um die Zukunft bestenfalls Einsicht in die Notwendigkeit, schlimmstenfalls ...

MIT SICHERHEIT INS UNGEWISSE.
Möglichkeiten und Grenzen der Technikfolgenabschätzung

TEXT: ORTWIN RENN

Der Artikel erschien erstmals in „Aus Politik und Zeitgeschichte", 6-7/2014, Themenheft „Technik, Folgen, Abschätzung", www.bpb.de/apuz/177757

... Verzweiflung vor dem unabdingbar Bevorstehenden. Lässt sich die Zukunft durch das eigene Verhalten steuern, gewinnt der Mensch neue Freiheiten, muss sich dann aber auch der Verantwortung stellen, die mit der Möglichkeit der Vermeidung von negativen Ereignissen einhergeht. Ob er sich mit dieser Verantwortung für die Vermeidung von künftigem Übel nicht prinzipiell übernimmt, wie der Philosoph Robert Spaemann mutmaßt, soll hier dahingestellt bleiben.[1] Der Blick in die Zukunft ist von der erlebten Ambivalenz menschlicher Eingriffe in den Lauf der Geschichte geprägt: Mit ihr gehen Faszination und Schauder, Zuversicht und Angst, Machbarkeit und Duldung einher.

Die moderne Soziologie begegnet dem Phänomen der Mehrdeutigkeit und Mehrgleisigkeit der Zukunft mit dem Begriff der „Kontingenz".[2] Kontingenz bedeutet, dass der Mensch in seinen Entscheidungen immer vor mehr als einer (gedanklich greifbaren) Möglichkeit steht, wie Zukunft sich ereignen könnte. Kontingente Ereignisse oder Handlungen sind weder notwendig noch unmöglich: Sie können eintreffen, müssen es aber nicht. Welche Gestalt die Zukunft schließlich annehmen wird, bleibt dem Handelnden im Voraus verborgen; er muss sich aber, wenn er zielgerecht handeln möchte, auf unterschiedliche Zukunftsmöglichkeiten einstellen. Zu jedem Zeitpunkt sind mehrere Zukünfte möglich; jede Entscheidung und jede Handlung schneidet mindestens eine mögliche Zukunft ab.[3] Der Philosoph Alfred K. Treml hat das Erlebnis der Kontingenz in das schöne Wortspiel gefasst: „Am Anfang der Moderne konnte Luther noch ausrufen: ‚Hier stehe ich und kann nicht anders' ... Am Anfang der Postmoderne steht der Mensch, der sagt: ‚Hier stehe ich und kann auch anders'."[4]

Die Situation wird dadurch noch komplexer, dass wir einer doppelten Kontingenz ausgesetzt sind.[5] Nicht nur, dass unsere Handlungen Zukunftsmöglichkeiten zerstören und neue eröffnen – die Wahrnehmung von Kontingenz beruht auch auf Interaktionen mit anderen Menschen, deren Verhalten wiederum von Erwartungen in Bezug auf das Verhalten anderer geprägt ist. Je nachdem, wie andere sich verhalten, ändert sich auch meine Wahrnehmung künftiger Chancen und Risiken. In dem Maße, wie wir das Verhalten anderer mit unseren Vorstellungen und Erwartungen verknüpfen und dadurch die Vergangenheit mehrdeutig interpretieren können, nehmen wir auch die einzelnen Stränge möglicher Zukunftsentwürfe in vielfach schillernder Form wahr und bewerten sie – abhängig von welchen Reaktionsweisen der anderen wir ausgehen – unterschiedlich.

Man braucht sich nur die Palette der Szenarien zur künftigen Informationsgesellschaft vor Augen zu führen, um sich der Vielfalt der möglichen Zukunftsinterpretationen zu vergewissern.[6] Mögen die Szenarienbauer auch von » identisch erkannten Entwicklungstrends ausgehen, sie kommen zu völlig unterschiedlichen Interpretationen, wenn es um die Frage geht, wie gut oder schlecht es sich in einer virtuell geprägten Gesellschaft leben lässt. Für die einen kommen paradiesische Zustände auf uns zu, für die anderen sind wir auf dem Weg in eine von Verlust der Privatsphäre, Oberflächlichkeit, Realitätsverlust und Kreativitätszerstörung geprägten Welt.

In diesem Beitrag geht es mir um die grundsätzliche Frage, welche Aussagekraft wissenschaftlich ausgerichtete Analysen zu Technikfolgen angesichts der Ungewissheit und Kontingenz der zu erwartenden Folgen haben können. Welche Rolle kann die Abschätzung von Chancen und Risiken technischer Neuerungen übernehmen, um Einsichten über unsere gegenwärtige und bessere Vorhersagen über unsere zukünftige Lebensqualität zu gewinnen? Wo liegen die Grenzen unserer Prognosefähigkeit, und wie sollten wir klugerweise mit diesen Grenzen umgehen? Auf alle diese Fragen gibt es keine abschließenden Antworten. Doch hoffe ich, dass meine Ausführungen dazu beitragen können, den Stellenwert der Technikfolgenabschätzung, ihre Leistungsfähigkeit und ihre Grenzen zu verdeutlichen.

ANGEWIESENHEIT AUF PROGNOSEN

Der Mensch ist seit jeher in der doppelten Kontingenz gefangen. Dadurch entstehen so viele Zukunftsentwürfe, wie es Menschen gibt, die über Zukunft nachdenken. Gleichzeitig benötigen Menschen als soziale Wesen Orientierung und Verhaltenssicherheit, wenn sie für ihre eigene Zukunft Vorsorge treffen wollen.[7] Aus diesem Grunde führt die doppelte Kontingenz zur Notwendigkeit von individuell verlässlichen und kollektiv verbindlichen Prognosen. Soziales Handeln ist ohne ein Minimum an prognostischer Sicherheit über das zu erwartende Verhalten des anderen nicht möglich.

Neben der Gewährleistung von ausreichender Verhaltenssicherheit haben Prognosen eine weitere wichtige Funktion: Sie ermöglichen moralisches Handeln. Moralisches und verantwortungsvolles Handeln kann erst entstehen, wenn wir bei der Abwägung von Handlungsmöglichkeiten die von uns mit jeder Option zu erwartenden Folgen berücksichtigen.[8] Rationale Entscheidungen beruhen, wenigstens zum Teil, auf dem Wissen über mögliche Handlungskonsequenzen. Selbst wertrationales oder gesinnungsethisches Handeln ist letztlich daran gebunden, dass Akteure eine Kompatibilität zwischen Handlungsfolgen und dem als Maßstab anerkannten Wert beziehungsweise der eigenen Absicht erkennen. Die

Spacewalk: Mission Specialist Takao Doi winkt den Kollegen in der Columbia (© NASA; 1997)

Technikeinsatz ist immer ein Willensakt. Anders als Naturgewalten oder auch menschliche Schwächen lässt sich Technikeinsatz nicht als unglücklicher Zufall, nicht als unvermeidbares Schicksal oder als Manifestation externer Kräfte deuten.

Angewiesenheit auf Prognosen gilt für Individuen wie für Gesellschaften. Prognosen mögen objektiv falsch, unvollständig, interessengebunden oder voller Illusionen sein, sie bleiben ein konstitutives Merkmal rationalen Handelns. Ohne subjektives Wissen um die Folgen des eigenen Handelns wäre jede Entscheidung ein Willkürakt oder eine bloße Gewohnheit.

Die Notwendigkeit der Prognostik hat die meisten, wenn nicht sogar alle Gesellschaften dazu veranlasst, bestehende Institutionen zu beauftragen oder neue zu entwickeln, um das für soziales Handeln notwendige prognostische Wissen zu erzeugen und das vorhandene Wissen nach bestimmten Kriterien zu selektieren. Prognosen auf der Basis methodisch gesicherten Wissens sind also notwendige Bestandteile der Zukunftsvorsorge in einer modernen Gesellschaft. Daneben beruht prognostisches Wissen auch auf anderen Quellen der Einsicht wie Plausibilität, Intuition und Inspiration. Diese erfüllen eine wichtige Funktion bei der Entstehung neuen Wissens, bieten jedoch keine verallgemeinerbaren Regeln für die notwendige Auswahl und Bewertung des gesellschaftlich wirksamen Wissens. Wenn es um kollektiv verbindliche Zukunftsorientierungen geht, ist das methodisch gesicherte und auf der Basis nachvollziehbarer Regeln erzeugte Wissen entscheidend. Dass darüber auch innerhalb der Wissenschaften gestritten wird, bedeutet nicht, dass die Inhalte des kollektiven Wissensschatzes beliebig geworden sind; vielmehr haben sich die Möglichkeiten der Kontingenzerfassung und -begrenzung so vervielfältigt, dass verschiedene Entwürfe miteinander konkurrieren können, ohne dass eindeutige Kriterien zur Überprüfung ihrer Geltungskraft existieren. An der Notwendigkeit einer systematischen Wissensselektion für die Schaffung von Verhaltenssicherheit und zur Vorsorge gegen unerwünschte Zukunftsfolgen kommt auch die moderne oder postmoderne Gesellschaft nicht vorbei.[9]

TECHNISCHES HANDELN: PARADIGMA ANTIZIPATIVEN DENKENS

An kaum einem anderen Gegenstand entzündet sich der Streit um die Folgen menschlichen Handelns intensiver als an der Frage des Technikeinsatzes. Dies ist auch wenig verwunderlich, ist doch der Einsatz von Technik ein voluntaristischer Akt, der selbst auf einer Prognose über die gezielte Anwendung der Erkenntnis von naturgegebenen Regelmäßigkeiten beruht.[10] Der Technikphilosoph Hans Sachsse bezeichnet die Technik als eine auf Denken und Experiment beruhende Strategie des Menschen, eine bestimmte Absicht nicht direkt, sondern durch einen Umweg, der zunächst vom Ziel wegführt, dann aber das Ziel mit höherer Effizienz erreichen kann, in Handlungen umsetzt.[11] Wesentliches Kennzeichen der Technik ist dabei, dass Regelmäßigkeiten über Ursache und Wirkungen aus der Beobachtung der Natur abgeleitet werden und dieses Wissen in Handlungen so umgesetzt wird, dass über den Umweg einer (künstlichen) Ursachenerzeugung die Wirkung in geballter Kraft genutzt werden kann. Der Einsatz von Technik beruht also immer auf der Prognose (in der Regel) erwünschter, aber durch direktes Handeln nicht zugänglicher Wirkungen.[12]

Gleichzeitig ist Technikeinsatz immer ein Willensakt. Anders als Naturgewalten oder auch menschliche Schwächen lässt sich Technikeinsatz nicht als unglücklicher Zufall, nicht als unvermeidbares Schicksal oder als Manifestation externer Kräfte deuten. Mag auch jedes einzelne Individuum geringe Einflussmöglichkeiten auf die konkrete Entscheidung über den Einsatz einer Technik besitzen, irgendjemand in einer Gesellschaft muss den Einsatz wollen, ansonsten wird es nicht dazu kommen. Dieses Interesse an einem Technikeinsatz kann auch von einer Organisation ausgehen oder sich als Resultat des Zusammenwirkens vieler Kräfte ergeben – maßgeblich bleibt, dass Technikeinsatz immer eine (interessengebundene) Entscheidung für den Einsatz dieser Technik voraussetzt. Von alleine wird keine Technik in die Welt entlassen, wenn wir einmal von der Science-Fiction eines sich selbst reproduzierenden Roboters absehen.

Die Folgen der Technik sind also eng mit der Entscheidung für den Technikeinsatz verbunden. Wer Entscheidungen trifft, deren Folgen auch auf andere rückwirken, ist rechenschaftspflichtig. Diese Überlegung mündet in der Forderung, dass diejenigen, durch deren Entscheidung der Technikeinsatz ermöglicht oder genehmigt wurde, auch die Verantwortung für die Folgen übernehmen müssten, die als kollektiv unerwünscht gelten.[13] Je mehr sich Technik als »

Gestaltungselement in der Lebenswelt durchsetzt, umso mehr erweitert sich der Verantwortungsspielraum des Menschen. Selbst klassische Naturgefahren wie Überschwemmungen oder Wirbelstürme werden zunehmend als vom Menschen ausgelöst oder zumindest verstärkt betrachtet.[14] Im Zeitalter der Moderne, so der Soziologe Niklas Luhmann, sind die von Menschen als extern gesehenen Gefahren, denen man sich früher passiv ausgesetzt fühlte, in intern regelbare Risiken gewandelt worden.[15] „Risikomanagement", die moderne Formel für den aktiven Umgang mit unerwünschten Nebenfolgen der Technik, ist ein beredtes Zeugnis für die Internalisierung von ursprünglich extern wahrgenommenen Gefahren in bearbeitbare, sozial beeinflussbare und geregelte Aktivitäten zur Begrenzung von unerwünschter Kontingenz.

TRANSFORMATION VON GEFAHREN IN RISIKEN

Im Griechenland Homers fragten die Menschen einen Fremden, ob er ein Gast oder ein Räuber sei. Gäste wurden willkommen geheißen und gut bewirtet, Räuber als Schicksalsschläge hingenommen. Die Räuber waren selten zimperlich und gingen mit dem Leben der Beraubten in der Regel rabiat um. Die Tatsache, dass die Menschen Räubern und Gästen gleichermaßen Einlass gaben, war nicht

Ausdruck einer psychologischen Strategie der Kooperation, um das eigene Leben zu retten. Es war vielmehr Ausdruck der Ergebenheit in das Schicksal. „Fatalismus liegt nahe", so der Philosoph Alfred K. Treml, „wo alles seine teleologische Ordnung hat, auch das Gefährliche, das Bedrohliche, das Tödliche." [16] Ein solches passives Verhalten erscheint uns heute absurd. Wir bringen Spione an der Haustür an, lassen uns Ausweise zeigen, kontrollieren über Telefone und Datenbanken die Herkunft und die voraussichtliche Absicht von Fremden und vertrauen uns Institutionen wie der Polizei oder dem Ordnungsamt an. Die natürliche Reaktion auf Gefahren ist Flucht, Kampf oder Totstellen. Wenn all dies nichts nützt, verbleiben nur Resignation oder die Hoffnung auf eine nicht einsehbare Fügung Gottes.[17]

Sobald Gefahren aber in Risiken transformiert werden, vergrößert sich die Palette der aktiven Einflussmöglichkeiten, selbst wenn man sie weiterhin den ursprünglichen Reaktionsweisen von Flucht, Kampf und Totstellen zuordnen kann. Man kann sich vor Naturgefahren durch Technik in vielfältiger Weise schützen oder die Folgen krimineller Handlungen durch technische und organisatorische Vorsorgemaßnahmen begrenzen. Die Technik hilft bei der Internalisierung von Gefahren, sie ermöglicht das „Management" von Naturgefahren wie von sozialen Bedrohungen. Gleichzeitig gehen von ihr aber

Spacewalk: Mission Specialist Rick Hieb bei einer Extravehicular Activity am ersten Flug der Endeavour, Mai 1992 (© NASA; 1992)

Wenn man schon Risiken „managen" kann, dann haben „Versuch und Irrtum" als Lerninstrument der Gesellschaft ausgedient. Antizipation heißt die neue Devise.

neue Bedrohungen aus, die wiederum als Risiken wahrgenommen und bewertet werden. Die Eigenschaft von Technik, Gefahren in Risiken zu wandeln, ist der eigentliche Grund dafür, dass die modernen Menschen objektiv weniger in ihrem Leben gefährdet sind als jede Generation vor ihnen, sie aber wesentlich mehr Risiken bewusst wahrnehmen als ihre Vorfahren.[18] Technik hat die naturgegebenen Gefahren in Risiken gewandelt und damit gleichzeitig neue Risiken geschaffen.[19]

Technikeinsatz ist ein bewusster Akt der Reflexion über Folgen und ein Mittel zur Gestaltung der Kontingenz. Die möglichen Folgen des Technikeinsatzes im Voraus abzuschätzen, ist demnach eine dem technischen Handeln immanente Form der Verbindung von Prognose über Technikfolgen und der moralischen Verpflichtung zu deren Steuerung. Da Technik selbst auf Prognosen über ihre Wirkungen beruht und ihr Einsatz bewusst getroffene Entscheidungen voraussetzt, bietet sie geradezu das Paradebeispiel für antizipative Folgenforschung und Folgenbeeinflussung. Dieser Zusammenhang zwischen Technikeinsatz und Folgenreflexion ist im technischen Handeln selbst angelegt, also keine Besonderheit der modernen Welt.

Mit der Modernisierung erweitert sich aber die Tragweite der technischen Eingriffe des Menschen in Natur und Sozialleben. Immer mehr Lebensbereiche werden durch Technik gestaltet, Gefahren zunehmend in Risiken transformiert, Schicksal in gestaltbare Kontingenzen überführt.[20] Vor allem aber hat sich unser Wissen über mögliche Konsequenzen des Technikeinsatzes für die Gestaltbarkeit der Zukunft so vermehrt, dass wir uns die Naivität nicht mehr leisten können, oder besser gesagt: nicht mehr leisten wollen, auf Folgenforschung zu verzichten, weil wir darauf vertrauen könnten, die Menschen würden die Nebenwirkungen der Technik schon durch Lernen am Objekt in den Griff bekommen, sobald sie sich in der Realität abzeichnen. Das bekannte Beispiel des gesellschaftlichen Umgangs mit Dampfkesselexplosionen in der Frühzeit der Industrialisierung ist für den heutigen Menschen ein Muster einer verfehlten Technikpolitik. Sicherheitsvorkehrungen wurden erst dann auf breiter Basis durchgesetzt, als die Zahl der Explosionen die wirtschaftliche Funktionsfähigkeit der jeweiligen Betriebe infrage stellte.[21] Diese nachträgliche Risikoreduktion (dazu noch motiviert aus wirtschaftlichen Interessen und weniger aus humanitären Erwägungen) ist nach heutigen Maßstäben zynisch. Wir erwarten von Technikentwicklern

und -nutzern, dass sie sich vor der möglichen Realisierung von Unfällen mit den Möglichkeiten der Unfallverursachung auseinandergesetzt und diese Erkenntnisse in eine präventive Unfallvorsorge integriert haben. Wenn man schon Risiken „managen" kann, dann haben „Versuch und Irrtum" als Lerninstrument der Gesellschaft ausgedient. Antizipation heißt die neue Devise.

Mit der zunehmenden Transformation von Gefahren in Risiken wächst der gesellschaftliche Anspruch an ein effektives und antizipatives Risikomanagement. Dazu gehören eine bestmögliche Voraussage der möglichen Folgen einer Techniknutzung und entsprechende Handlungen der Risikobegrenzung, um die Wahrscheinlichkeit negativer Auswirkungen zu verringern. Natürlich ist auch die Möglichkeit antizipativen Wissens begrenzt und ein ungerechtfertigtes Gefühl von Sicherheit ein besonderes Risiko (man denke nur an die Leichtfertigkeit, mit der die Sicherheitsvorkehrungen im Kernkraftwerk Tschernobyl überschritten wurden, oder wie in Fukushima gegen jeden gesunden Menschenverstand Notstromaggregate in der unmittelbaren Nähe der Staumauer platziert wurden). Aber die Tatsache bleibt bestehen, dass in modernen Gesellschaften Technikeinsatz nicht mehr legitimiert werden kann (selbst wenn man es wollte), ohne dass die Technikbetreiber die möglichen positiven und negativen Folgen abgeschätzt und ausreichend und öffentlich wirksam dargelegt haben, wie man die Risiken im Vorfeld denkbarer Störfälle oder die Summe routinemäßiger Emissionen auf ein erträgliches Maß reduzieren kann. Die Charakterisierung der heutigen Gesellschaft als Risikogesellschaft, wie es der Soziologe Ulrich Beck getan hat, weist auf die zunehmende Bedeutung der Selbstverpflichtung der Gesellschaft zur bewussten Gestaltung von Kontingenz mit Hilfe der Folgenforschung hin.[22]

Mit dem wachsenden Einfluss der Technik auf das Alltagsleben und der zunehmenden Selbstverpflichtung der Gesellschaft zum Risikomanagement wuchs auch die Forderung nach einer Institutionalisierung der Technikfolgenabschätzung und antizipativer Technikgestaltung durch unabhängige Forschungsinstitutionen. Die Gründung des Office of Technology Assessment (OTA) 1972 in den USA läutete die Ära der systematischen, von unabhängigen Fachleuten erstellten Folgestudien mit dem Ziel der Politikberatung ein. Seitdem wurden weltweit zahlreiche weitere Institute ins Leben gerufen, deren Aufgabe und Auftrag es ist, Technikfolgen vorherzusagen und zu bewerten.[23] Dahinter steht der Anspruch einer systematischen Identifizierung und Bewertung   » von technischen, umweltbezogenen, ökonomischen, sozialen, kulturellen und psychischen Wirkungen, die mit der Entwicklung, Produktion, Nutzung und Verwertung von Techniken zu erwarten sind. Erklärtes Ziel der Wissenschaftler und Techniker, die Technikfolgenabschätzung betreiben, ist es, für die Gesellschaft verlässliche und unparteiische Informationen bereitzustellen, die Auskunft über die zu erwartenden Konsequenzen von technischem Handeln geben. Besonderes Schwergewicht liegt dabei auf der Erfassung von unbeabsichtigten Folgen, seien sie nun positiver oder negativer Art. Je besser wir im Voraus die Folgen unserer Handlungen antizipieren können, desto weniger brauchen wir im Nachhinein durch trial and error schmerzlich zu lernen. Ausschalten können wir den dornenreichen Weg des Lernens über Irrtum jedoch nicht.

AMBIVALENZ UND UNGEWISSHEIT

Diese Überlegungen führen uns zurück zum Ausgangspunkt: der Befangenheit des Menschen in der doppelten Kontingenz, die sich einerseits in der Ambivalenz menschlichen Wahrnehmens und Handelns, andererseits in der Ungewissheit über die Erwartungen der anderen und deren wahrgenommenen Handlungsoptionen niederschlägt.

Die Hoffnung auf Vermeidung von negativen Technikfolgen ist schon deshalb trügerisch, weil es keine Technik gibt, nicht einmal geben kann, bei der nur positive Auswirkungen zu erwarten wären. Dies klingt trivial. Ist es nicht offensichtlich, dass jede Technik ihre guten und schlechten Seiten hat? Die Anerkennung der Ambivalenz besagt aber mehr, als dass wir uns mit Technik weder das Paradies noch die Hölle erkaufen. Es ist eine Absage an alle kategorischen Imperative und Handlungsvorschriften, die darauf abzielen, Techniken in moralisch gerechtfertigte und moralisch ungerechtfertigte aufzuteilen.[24] Es gibt keine Technik mit nur positiven oder nur negativen Folgen, gleichgültig welche wir im Einzelnen betrachten. Bei jeder neuen technischen Entscheidung sind wir angehalten, immer wieder von Neuem die positiven und negativen Folgepotenziale miteinander abzuwägen. Auch die Solarenergie hat Umweltrisiken, wie auch die Kernenergie unbestreitbare Vorteile aufweist. Ambivalenz ist das Wesensmerkmal jeder Technik. Folgt man dieser Gedankenkette weiter, dann bedeutet institutioneller Umgang mit Ambivalenz, dass Techniken weder ungefragt entwickelt und eingesetzt werden dürfen, noch dass wir jede Technik verbannen müssen, bei der negative Auswirkungen möglich sind.[25]

Aus diesem Grunde ist auch der wohlgemeinte Imperativ des Philosophen Hans Jonas wenig hilfreich. Jonas forderte die Gesellschaft auf, auf jede Technik zu verzichten, deren Folgen zu katastrophalen negativen Folgen führen könnten.[26] Mit ausreichend Fantasie und bei entsprechender Ausbreitung der infrage stehenden Technik lassen sich aber immer katastrophale Folgen ausdenken, die mit einer Wahrscheinlichkeit größer Null zu erwarten sind. Die Möglichkeit von Katastrophen ist immer gegeben, sobald eine technische Linie in großem Umfang genutzt wird – unabhängig davon, ob die Technik zentral oder dezentral eingesetzt wird. Die kleine Kettensäge ist in millionenhafter Ausführung mindestens so gefährlich

Spacewalk: Mission Specialist James Newman winkt in die Kamera auf der internationalen Raumstation ISS (© NASA; 1998)

Die Möglichkeit von Katastrophen ist immer gegeben, sobald eine technische Linie in großem Umfang genutzt wird – unabhängig davon, ob die Technik zentral oder dezentral eingesetzt wird.

für den tropischen Regenwald wie große Holzerntemaschinen. Die Möglichkeit von Katastrophen fallen bei Großtechnologien nur schneller ins Auge. Prinzipiell ist aber die Möglichkeit von irreversiblen und schwerwiegenden Katastrophen bei allen menschlichen Handlungen gegeben. Ohne Betrachtung von Wahrscheinlichkeiten und von möglichen Nutzeffekten lässt sich eine sinnvolle Abwägung über Technikfolgen nicht treffen.

DISKURS ALS VORAUSSETZUNG EINER RATIONALEN ABWÄGUNG

Gefragt ist also eine Kultur der Abwägung. Zur Abwägung gehören immer zwei Elemente: die systematische Erfassung der zu erwartenden Folgen eines Technikeinsatzes (Technikfolgen*forschung*) und die relative Beurteilung von Handlungsoptionen aufgrund der Wünschbarkeit der mit jeder Option verbundenen Folgen, einschließlich der Folgen des Nichtstuns, der sogenannten Nulloption (Technikfolgenbewertung). Eine Entscheidung über Technikeinsatz kann nicht allein aus den Ergebnissen der Folgenforschung abgeleitet werden, sondern ist auf eine verantwortliche Abwägung der zu erwartenden Vor- und Nachteile auf der Basis nachvollziehbarer und politisch legitimierter Kriterien angewiesen.[27] Für das erste Element, die Technikfolgenforschung, brauchen wir ein wissenschaftliches Instrumentarium, das uns erlaubt, so vollständig, exakt und objektiv wie möglich Prognosen über die zu erwartenden Auswirkungen zu erstellen. Für das zweite Element, die Bewertung, benötigen wir Kriterien, nach denen wir diese Folgen intersubjektiv verbindlich beurteilen können. Solche Kriterien sind nicht aus der Wissenschaft abzuleiten: Sie müssen in einem politischen Prozess durch die Gesellschaft identifiziert und entwickelt werden. Dazu ist es notwendig, Technikfolgenabschätzung in einen diskursiven Prozess einzubinden.[28]

Genau genommen sind drei Arten von Diskurs notwendig:[29] Zunächst müssen die kognitiven Grundlagen für die Technikfolgenforschung gelegt werden. Welche Folgenpotenziale sind zu erwarten, und wie ordnen sich diese in die unterschiedlichen Zukunftsentwürfe der beteiligten Diskursteilnehmer ein? Welche Unsicherheiten verbleiben, und welche unabdingbaren Kopplungen von Vor- und Nachteilen ergeben sich aus diesen Abschätzungen? Gibt es methodische Kriterien oder anerkannte Verfahren, Dissens unter den Fachleuten aufzulösen oder zumindest einen Konsens über den Dissens zu erzielen? Ein solcher kognitiver Diskurs richtet sich in erster Linie an die Experten, wobei bei lebensweltlichen Auswirkungen auch die Erfahrungen der betroffenen Laien eine wichtige Rolle spielen können.

Der zweite Diskurs berührt die Frage der Wertigkeit der erforschten Technikfolgen (samt Unsicherheiten) für die Technikanwendung. Hierzu sind vor allem die Technikgestalter und -anwender gefragt. Welche Interessen und welche Werte werden von den jeweiligen Folgemöglichkeiten betroffen? Gibt es Strategien, um negative Auswirkungen durch Modifikationen des Anwendungsprozesses abzumildern? Gibt es zusätzlichen Regulierungsbedarf? Ziel dieses zweiten Diskurses ist es also, die möglichen Handlungsstrategien aufzuzeigen und in ihren Folgen abzuwägen, gleichzeitig aber auch die mit den Entscheidungen zwangsweise verbundenen Zielkonflikte zu verdeutlichen und die dadurch erforderlichen Prioritäten festzulegen.

Schließlich benötigt Technikfolgenabschätzung den Diskurs mit den von den Folgen betroffenen Bürgern sowie der allgemeinen Öffentlichkeit. Öffentliche Information allein reicht nicht aus. Es bedarf einer diskursiven Auseinandersetzung zwischen denen, die von den Technikfolgen profitieren, und jenen, die darunter leiden könnten. Werden die Interessen dieser Menschen gewahrt? Können sie den von ihnen präferierten Lebensstil weiter pflegen? Fühlen sie sich bei der Lösung der Zielkonflikte ausreichend repräsentiert? Alle drei Diskursformen müssen im Ergebnis offen geführt werden, auch der Dialog mit der Öffentlichkeit muss noch Spielraum für Veränderungen haben, sonst verkommt er zum bloßen Ritual.

Eine diskursiv verstandene Technikfolgenabschätzung setzt eine enge Anbindung der Folgenforschung an die Folgenbewertung voraus, ohne jedoch die funktionale und methodische Differenzierung zwischen diesen beiden Aufgaben (Erkenntnis und Beurteilung) aufzugeben. Eine solche Verkopplung ist notwendig, um bei der Bewertung die Probleme der Ambivalenz und der Ungewissheit bei der Folgenforschung und Folgenbewertung angemessen berücksichtigen zu können.[30] Umgekehrt müssen auch schon bei der Identifikation und Messung der Folgepotenziale die letztendlichen Bewertungskriterien als Leitlinien der Selektion zugrunde gelegt werden. Der Diskurs sorgt für verlässliche Informationen, die dazu dienen, die Dimensionen und die Tragweite tech-   »

Ein von seinem "Mothership", einer B-52, gestarteter "HL-10 lifting body". Eines von vielen Testdesigns für den Wiedereintritt in die Erdatmosphäre konzipierten Kapseln; HL-10 schaffte es nicht über den Testbetrieb hinaus; (© NASA; 1969)

nischen Handelns und Unterlassens zu verdeutlichen, ohne die genauen Folgen vorhersagen zu können. Der Diskurs trägt damit dazu bei, Modifikationen des technischen Handelns vorzuschlagen, die bessere Entscheidungen nach Maßgabe des verfügbaren Wissens und unter Reflexion des erwünschten Zweckes wahrscheinlicher machen.

AUSBLICK

Technikfolgenabschätzung umfasst die wissenschaftliche Abschätzung möglicher Folgepotenziale sowie die nach den Präferenzen der Betroffenen ausgerichtete Bewertung dieser Folgen, wobei beide Aufgaben, die Folgenforschung und -bewertung, aufgrund der unvermeidbaren Ambivalenz und Ungewissheit unscharf in den Ergebnissen bleiben werden. Prognosen sind unverzichtbare Bestandteile für gegenwärtige Entscheidungen. Sie dürfen uns aber nicht zur Hybris verführen, wir seien in der Lage, Ungewissheit soweit reduzieren zu können, dass wir eindeutige Antworten über Gestalt und Verlauf möglicher künftiger Chancen und Risiken geben könnten.[31] Selbst wenn wir alle Daten hätten, so der Physiker Wolfgang Hemminger, schaffen Komplexität und endliche Rechenkapazität prinzipielle Grenzen der Erkenntnis.[32] Prognosen sind bestenfalls in der Lage, unsere Chancen einer bewussten Zukunftsgestaltung aufzuwerten. Technikfolgenabschätzung kann dazu beitragen, auf mögliche Folgepotenziale hinzuweisen und damit prinzipiell vorhersehbare Fehler zu vermeiden. Vor allem kann sie eine Hilfestellung bieten, um auch in Zukunft Handlungsfreiheit zu erhalten, um bei einer möglichen Fehlentwicklung, also der Erfahrung überwiegend negativer Auswirkungen, flexibel genug zu sein, um auf andere Optionen ausweichen zu können. Diese Überlegung führt zu der Forderung, nicht alles auf eine Karte zu setzten.[33]

Diversifizierung und Flexibilisierung sind zwei zentrale Mittel, um Systeme auch gegenüber immer wieder auftretenden Überraschungen anpassungsfähig zu gestalten. Daraus folgt, dass das Ziel der Technikentwicklung die Umkehrbarkeit von Entscheidungen sein muss, allerdings nicht – wie oft missverstanden – die Umkehrbarkeit einzelner Folgen. Über diese allgemeinen Aussagen zur Verringerung von Verwundbarkeiten hinaus können wir aber weder eindeutige Antworten über die zu erwartenden Technikfolgen, noch allgemeingültige Kriterien zu ihrer Bewertung angeben. Jeder Einsatz der Technik erfordert von uns eine Abwägung der bei aller Möglichkeit der Modifikation zwangsweise gegebenen und miteinander verwobenen Vor- und Nachteile – und dies bei unaufhebbarer Ungewissheit über die tatsächlich eintretenden Folgen.

Was ergibt sich aus dieser Problemsicht? Erstens, Technikfolgenabschätzung muss sich immer an der Ambivalenz und Folgenunsicherheit der Technik orientieren. Dabei muss sie zweitens zwischen der wissenschaftlichen Identifizierung der möglichen Folgen und ihrer Bewertung funktional trennen, dabei jedoch beide Schritte diskursiv miteinander verzahnen. Drittens sollte sie ein schrittweises, rückkopplungsreiches und reflexives Vorgehen bei der Abwägung von positiven und negativen Folgen durch Experten, Anwender und betroffene Bürger vorsehen. Ob dies gelingen wird, hat nicht nur Einfluss auf die Zukunft der Technikfolgenabschätzung als Mittel der Zukunftsvorsorge, sondern wird auch maßgeblich unsere Möglichkeiten bestimmen, ob und inwieweit wir in Zeiten raschen technischen Wandels in eigener Verantwortung und mit Blick auf die für uns als wesentlich erkannten Werte des Menschseins handlungsfähig bleiben können.

«

Sie dürfen uns aber nicht zur Hybris verführen, wir seien in der Lage, Ungewissheit soweit reduzieren zu können, dass wir eindeutige Antworten über Gestalt und Verlauf möglicher künftiger Chancen und Risiken geben könnten. Selbst wenn wir alle Daten hätten, schaffen Komplexität und endliche Rechenkapazität prinzipielle Grenzen der Erkenntnis.

LITERATURVERWEISE:

1 Vgl. Robert Spaemann: *Technische Eingriffe in die Natur als Problem der politischen Ethik*; in: Dieter Birnbacher (Hrsg.), Ökologie und Ethik, Stuttgart 1980, S. 180–206, hier: S. 192.

2 Vgl. Niklas Luhmann: *Soziale Systeme: Grundriss einer allgemeinen Theorie*; Frankfurt/M. 1984, S. 46 ff.; ursprünglich bei Talcot Parsons/Edward Shils (Hrsg.): *Toward a General Theory of Action*; Cambridge 1951, S. 13 – 29, hier: S. 16.

3 Vgl. Armin Grunwald: *Prognostik statt Prophezeiung – wissenschaftliche Zukünfte für die Politikberatung*; in: Daniel Weidner/Stefan Willer (Hrsg.), Prophetie und Prognostik, München 2013, S. 81 – 95.

4 Alfred K. Treml: *Über den Zufall. Ein Kapitel Philosophiegeschichte*; in: Evangelische Akademie Baden (Hrsg.), Gott würfelt (nicht)! Chaos, Zufall, Wissenschaft und Glaube, Karlsruhe 1993, S. 9 – 44, hier: S. 41, Fußnote 55.

5 Vgl. Niklas Luhmann: *Allgemeine Theorie sozialer Systeme*; in: ders., Soziologische Aufklärung, Bd. 3, Opladen 1981, S. 11 – 177, hier: S. 13 ff.

6 Vgl. Herbert Kubicek/Barbara Mettler-Meibom: *Alternative Entwicklungspfade der Telekommunikationspolitik*; in: APuZ, (1988) 46 – 47, S. 30 – 47.

7 Vgl. Ortwin Renn: *Kann man die technische Zukunft voraussagen?*; in: Werner Köhler (Hrsg.): Was kann Naturforschung leisten?, Heidelberg–Leipzig 1997, S. 115 – 138.

8 Vgl. Carl Böhret: *Technikfolgen und Verantwortung der Politik*; in: APuZ, (1987) 19 – 20, S. 3 – 14; Hans Jonas: *Das Prinzip Verantwortung. Versuch einer Ethik für die technologische Zivilisation*; Frankfurt/M. 1984.

9 Zum Komplex des Auftrages der Wissenschaft und ihrer kulturellen Eingebundenheit vgl. Dorothy Nelkin (Hrsg.): *Controversy*; Beverly Hills 1984²; Karin Knorr-Cetina: *Die Fabrikation von Erkenntnis*; Frankfurt/M. 2002, S. 31 ff.

10 Vgl. Paul W. DeVore: *Technology*; Worcester 1980, S. 16 ff.

11 Vgl. Hans Sachsse: *Anthropologie der Technik*; Braunschweig 1978, S. 9 – 17.

12 Vgl. Torsten Fleischer/Armin Grunwald: *Technikgestaltung für mehr Nachhaltigkeit – Anforderungen an die Technikfolgenabschätzung*; in: Armin Grunwald (Hrsg.), Technikgestaltung für eine nachhaltige Entwicklung, Berlin 2002, S. 101 f.

13 Der Philosoph Vittorio Hösle bringt die Notwendigkeit verstärkter Verantwortungsübernahme durch technisches Handeln auf den einfachen Nenner: „Wer mehr Macht hat, hat auch mehr Pflichten." Vittorio Hösle: *Philosophie der ökologischen Krise*; München 1991, S. 126.

14 Vgl. Gisela Wachinger et al.: *The Risk Perception Paradox*; in: Risk Analysis, 33 (2013) 6, S. 1049 – 1065.

15 Vgl. Niklas Luhmann: *Soziologie des Risikos*; Berlin 1991, S. 31 ff.; ders.: *Risiko und Gefahr*; in: Wolfgang Krohn/Georg Krücken (Hrsg.): Riskante Technologien: Reflexion und Regulation;, Frankfurt/M. 1993, S. 138–185.

16 A. K. Treml (Anm. 4), S. 16.

17 Vgl. Ortwin Renn: *Das Risikoparadox. Warum wir uns vor dem Falschen fürchten*; Frankfurt/M. 2014, S. 248; Gert Gigerenzer: Risiko. Wie man die richtigen Entscheidungen trifft; München 2013, S. 94 ff.

18 Vgl. Robert C. Harriss/Christoph Hohenemser/ Robert W. Kates: *Human and Nonhuman Mortality*; in: Robert W. Kates/Christoph Hohenemser/Jeanne X. Kasperson (Hrsg.): Perilous Progress. Managing the Hazards of Technology; Boulder 1985, S. 129 – 155, hier: S. 148 ff.

19 Vgl. Eugene A. Rosa/Ortwin Renn/Aaron M. McCright: *The Risk Society Revisited*; Philadelphia 2014, S. 103.

20 Vgl. Wolfgang van der Daele: *Kontingenzerhöhung*; in: Walter Zapf (Hrsg.), Die Modernisierung moderner Gesellschaften, Frankfurt/ M. 1991, S. 584 – 603.

21 Vgl. Joachim Radkau: *Technik in Deutschland*; Frankfurt/ M. 1989, S. 200 ff.22 Vgl. Ulrich Beck: *Die Risikogesellschaft*; Frankfurt/ M. 1986, S. 46 ff.

23 Vgl. Georg Simonis: *Einführung*; in: ders. (Hrsg.), Konzepte und Verfahren der Technikfolgenabschätzung, Wiesbaden 2013, S. 12 f.; Armin Grunwald: *Parlamentarische Technikfolgenabschätzung*; in: ebd., S. 91–107; Hans-Jörg Bullinger: *Was ist Technikfolgenabschätzung?*; in: ders. (Hrsg.), Technikfolgenabschätzung, Stuttgart 1994, S. 3–31.

24 Vgl. Ortwin Renn: *Technik und gesellschaftliche Akzeptanz*; in: GAIA, (1993) 2, S. 69 – 83.

25 Vgl. Axel Zweck: *Technikbewertung auf Basis der VDR Richtlinie 3780*; in: G. Simonis (Anm. 23), S. 145–159, hier: 156 f.

26 Vgl. H. Jonas (Anm. 8), S. 28 ff.; zur Geltungskraft und Kritik an Jonas: Hans Lenk: *Über Verantwortungsbegriffe in der Technik*; in: ders./Günter Ropohl (Hrsg.): Technik und Ethik, Stuttgart 1993², S. 112–148, hier: S. 138 ff.

27 Vgl. Christoph Hubig: *Ethik der Technik als provisorische Moral, in: Jahrbuch für Wissenschaft und Ethik*; Bd. 6, Berlin–New York 2001, S. 179 – 201, hier: 182 f.; Meinolf Dierkes: *Was ist und wozu betreibt man Technikfolgen-Abschätzung?* in: Hans-Jörg Bullinger (Hrsg.), Handbuch des Informationsmanagements im Unternehmen, Bd. 2, München 1991, S. 1495 – 1522.

28 Vgl. Gabriele Abels/Alfons Bora: *Partizipative Technikfolgenabschätzung und -bewertung*; in: G. Simonis (Anm. 23), S. 109 – 128, hier: 112 ff.; Pia-Johanna Schweizer/Ortwin Renn: *Partizipation in Technikkontroversen*; in: Technikfolgenabschätzung. Theorie und Praxis, 22 (2013) 2, S. 42 – 47.

29 Vgl. Ortwin Renn: *Diskursive Verfahren der Technikfolgenabschätzung*; in: Thomas Petermann/Reinhard Coenen (Hrsg.), Technikfolgenabschätzung in Deutschland; Frankfurt/M. 1999, S. 115 – 130.

30 Vgl. Francis M. Lynn: *The Interplay of Science and Values in Assessing and Regulating Environmental Risks*; in: Science, Technology, and Human Values, 11 (1986) 2, S. 40 – 50.

31 Vgl. Karl-Werner Brand: *Umweltsoziologie*; Weinheim–Basel 2014, S. 110.

32 Vgl. Wolfgang Hemminger: *Wissenschaft als Antwort auf Sinnfragen? Über die Reichweite naturwissenschaftlicher Erkenntnis*; in: Evangelische Akademie Baden (Anm. 4), S. 163 – 179, hier: S. 169.

33 Vgl. Stefan Lingner: *Rationale Technikfolgenbeurteilung*; in: G. Simonis (Anm. 23), S. 75 – 90, hier: S. 83.

Die 84jährige Neta Snook Southern, eine der ersten Pilotinnen der USA (sie erteilte schon 1920 Flugunterricht), kommt aus dem Flugsimulator des NASA. (© NASA, 1980)

„The picture is that we are now in a "brain in a vat," sustained by life-support machinery, and connected by wonderful electronic links, at will, to a series of "rented" artificial bodies at remote locations, or to simulated bodies in artificial realities. But the brain is a biological machine not designed to function forever, even in an optimal physical environment. As it begins to malfunction, might we not choose to use the same advanced neurological electronics that make possible our links to the external world, to replace the gray matter as it begins to fail? *Hans Moravec, Cyber Pigs, 1992*

POST-ZEREBRALE-UTOPIEN:

Im Grenzbereich zwischen künstlicher Intelligenz und technikzentrierter Erlösungsphantasien der 1990er.

TEXT: SIMONE SEYRINGER

1 Baudrillard, S. 260

2 Vergl. S. Freud: „Das Unbehagen in der Kultur." Teil III (Das Wesen der Kultur), 1930; bzw. Trallori, S. 6ff

3 Vergl. Trallori, S. 13

Warum könnten Gehirn-Utopien aus den 1990ern heute interessant sein? Viele der Fragen, die damals aufgeregt diskutiert wurden, sind längst vergessen, etwa über das Auflösen von Grenzen und die Einverleibung der Technologie, oder des ontologischen Grundverständnisses, wie „real" und „nicht-real", „lebendig" und „tot", „natürlich" und „künstlich", „Sein" und „Schein". Angefacht wurden die Diskussionen durch Zukunftszenarien, die Vertreter der vordersten Forschungsfront renommiertester Technologie-Labors vorlegten. Der Fortschritt der neuen Technologien im Zusammenschluss mit den Entwicklungen in künstlicher Intelligenz, der Bio- und Nanotechnologien würde nicht nur eine neue Ära einleiten, sondern die Bedeutung von personaler Identität, ja von Menschsein, Leben und Tod, umkrempeln. Mit der anbrechenden post-biologischen Zukunft könne der Mensch sein Schicksal selber in die Hand nehmen, Körper und Geist den Zufälligkeiten der Natur, dem Altern und frühen Tod entreißen und die ungleich potenteren Technologien nutzbar machen. Diese Positionen provozierten nicht nur heftigen Widerspruch, sondern auch Diskussionen über Grenzen des,

bzw. was das Besondere am Menschen eigentlich sei. Oder kurz, wie Jean Baudrillard 1990 formulierte: *"Bin ich nun Mensch, oder bin ich Maschine?"* [1]

Angesichts einsetzender transformativer Prozesse durch neue Technologien – wie der Entmachtung von Lebenserfahrung durch Simulation, dem Heranwachsen globaler medialer Vernetzung, der damit verbundenen permanenten Maschinenrealität, in Labors gezüchteter „intelligenter" Maschinen, den heraufdämmernden Möglichkeiten von Grenzüberschreitungen zwischen Mensch und seinen Maschinen – erschien der Mensch selbst zunehmend als Mängelwesen, unzureichend ausgestattet für die zukünftige Hochleistungs-Maschinenwelt. Mit Freud könnte man vielleicht von einem Defektheitstrauma[2] sprechen, dass die Erfahrung der Unzulänglichkeit, von Natur her unvollständig zu sein und der Wunsch nach Vervollkommnung uns „Prothesen-Götter" stetig zur kulturell-technische Produktion treibe.[3] Das Faszinosum (künstlich) maschineller Perfektion wurde dabei zur Messlatte der nachrüstungsbedürftigen Prothesen-Körper – und -Gehirne.

»

NACA Langley High Speed Tunnel (© NASA; 1936)

Aber nicht nur die „Reperatur" menschlicher Körper und Gehirne gerieten in Diskussion[4], sondern vielmehr das Überwinden dieser biologischen Fesseln. Der österreichstämmige Hans Moravec prägte die 1990er Jahre mit prononcierten Zukunftsszenarien, besonders was das menschliche Gehirn betrifft. Seine Darstellungen darüber, wie er sich die technische und soziale Entwicklung vorstellte – wobei seiner Ansicht nach die Zukunft der Menschen, wie sie heute leben, nicht mehr all zulange dauern würde – waren auf das Gehirn als Informationsträger fokussiert. Moravecs (1990) Visionen richteten sich auf eine relativ lange Vorausschau und hatten die phantastischen Möglichkeiten des technischen Fortschritts im Blick. Für ihn war das biologische Zeitalter bereits an sein Ende gekommen, Kybernetik, Robotik und künstliche Intelligenz, (später zusammen auch mit Nanotechnologie) würden der postbiologischen Ära den Weg ebnen. Artifizielle Geschöpfe würden die anbrechende neue Zeit bevölkern. Sie würden seiner Meinung nach lebendig – das heißt selbst-replizierend – und intelligent sein, aber frei von frühzeitigem Tod und Gebrechen des Fleisches.

Für Hans Moravec sind diese Geschöpfe „unsere[5] Geistkinder", gezeugt in den Gehirnen der Wissenschaft, geboren aus technowissenschaftlichem Fortschritt, genährt und aufgezogen in Labors und dem Cyberspace, ihrem natürlichen Habitat. Insofern betrachtete Moravec diese künstlichen Wesen als Geistkinder der Menschen.

Moravec steht in dieser Hinsicht paradigmatisch für den spezifischen Fortschrittsglauben der 1990er. Als 1998 Moravec „Robot. Mere Machine to Transcendent Mind." veröffentlichte, erreicht wahrscheinlich auch der Hype dieser Utopien einen Höhepunkt. Mit Moravecs Werk, verlegt von der renommierten Oxford University Press[6], erschienen auch Ray Kurzweils Band „The Age of Spiritual Machines. When Comupters Exceed Human Intelligence" und Neil Gershenfelds – damals Leiter des MIT Media Lab – „When Things Start to Think", die Colin McGinn, Professor für Philosophie an der Rutgers Universität, in der New York Times rezensierte. McGinn titelt „Hello, HAL[7]. Three books examine the future of artificial intelligence and find that the human brain is in trouble." und fragt sich und die Leserschaft „[...] is the whole idea just a clever marketing ploy for the investment-hungry artificial intelligence industry?" Dabei gibt er zu bedeken: „Here we have three books, all written by experts in computer intelligence [...]."

Ernstlich besorgt war McGinn über eine bevorstehende Übernahme der Computer-Gehirne nicht, denn für ihn lagen logischen Fehlschlüsse über menschliches Denken und Bewusstsein einerseits und die simplen Analogieschlüssen der Autoren andererseits, die wesentlich auf den Turing-Test[8] rekurrierten, vor, die die Thesen maßgeblich unterminierten. Aber auch der Philosoph war letztlich beeindruckt von der Überzeugungskraft der dargebotenen Visionen:

„If our three authors are wobbly on the philosophy of mind and artificial intelligence, they are strong on computer technology itself; and here is where their books are particularly interesting. [...] Consider two examples of the kind of technology that might well be just over the horizon: the foglets and the nanobots. Foglets are tiny, cell-sized robots, each more computationally powerful than the human brain, that are equipped with minute gripping arms that enable them to join together into diverse physical structures. [...] We may come to have foglet friends and take foglet vacations. [...] This would be virtual reality made concrete. Nanobots are devices for nanoengineering, the manipulation of matter on the atomic scale. [...] They can make copies of themselves by following a program for nano-scale operations on chunks of surrounding matter. [...] These little blighters could consume the entire planet in a matter of weeks, including all the organic material on it!"

Steht also doch das menschliche Gehirn vor seiner Ablöse? Den Maschinen gehört die Zukunft? Angesichts der eindrucksvollen Möglichkeiten die am Horizont denkbarer Entwicklung erschienen, würde das menschliche Gehirn schnell mit techno-darwinistischer Unbarmherzigkeit verschwinden müssen. Rettung vor der absehbaren menschlichen Obsoleszenz erwartete Moravec von einer Verschmelzung des Menschen mit seinen Maschinen.

ÜBERWINDEN DER FLEISCHLICHEN BEGRENZTHEIT: TRENNUNG VON GEIST UND GEHIRN

Aus den Labors der renommiertesten Universitäten wurden zu dieser Zeit laufend neue Durchbrüche gemeldet, das künstliche Gehirn sei nur noch eine Frage der Zeit. Fragen nach Bewusstsein, menschlichem Denken und dessen computerisiertem Mimikry, wie etwa McGinn sie stellt, sind aus der Perspektive führender Experten, wie Hans Moravec, Ray Kurzweil oder Marvin Minsky irrelevant. Das menschliche Gehirn wird wie eine Art Black Box betrachtet und intelligent sind Maschinen dann, wenn sie den Turing-Test bestehen. »

4 Gegen Versprechen wie Lahme werden gehen, Blinde sehen, Taube hören usw., hätte es ja kaum Einwende gegeben. Das debattierte Terrain konzentrierte sich auf die Umgestaltung des Menschen als Mensch. Uerz vermutet, dass später der Fokus sich auch deswegen auf die Lebenswissenschaften verlagerte, Gentechnik etwa, weil sie diesen empfindlichen Bereich berührten;

5 H. Moravec spricht seine Leser in „Mind Children" direkt an;

6 Die 1. Auflage erschien bei Oxford University Press Ende 1998; die meisten bei uns (A, D) erhältlichen Exemplare sind von 1999;

7 Mit HAL spielt McGinn wahrscheinlich auf den Supercomputer HAL 9000 aus der Roman-Tetralogie von Arthur C. Clark an, dessen vierter und letzter Band kurz davor erschienenen ist. HAL ist eine fiktive künstliche Intelligenz, die als rotes Kameraauge des Bordcomputers des Raumschiffs Discovery One in Stanley Kubricks Verfilmung „2001: Odyssee im Weltraum", des ersten Teils der Trilogie (1968), in Erscheinung tritt.

8 Der Turing-Test, benannt nach Alan Turing, der diese Testanordnung 1950 entwarf, stellt Mensch und Maschine bei der Aufgabe gegenüber, an einem „Gespräch" teilzunehmen. Die Testanordnung sieht folgendermaßen aus: Eine Person hat die Aufgabe durch Fragen festzustellen, welcher ihrer zwei Gesprächspartner ein Mensch bzw. Computer ist. Diese Testperson ist räumlich von den beiden anderen Gesprächsteilnehmern getrennt und führt, z. B. über Bildschirm und Tastatur, eine Befragung aus. Wenn die Testperson nicht feststellen kann, welcher der beiden Gesprächspartner Mensch bzw. Maschine ist, sei nach Turing davon auszugehen, dass beide gleichermaßen intelligent sind.

9 Dawkins 1978, S. 71

10 Guggenberger, S. 205

11 Guggenberger, S. 206

12 Peetz stellte etwa fest: „Die Diskurs-Akteure [um Dawkins „Fernsteuerung" durch Gene; Anm. S.S.] beschränken sich mehrheitlich auf eine Kritik der

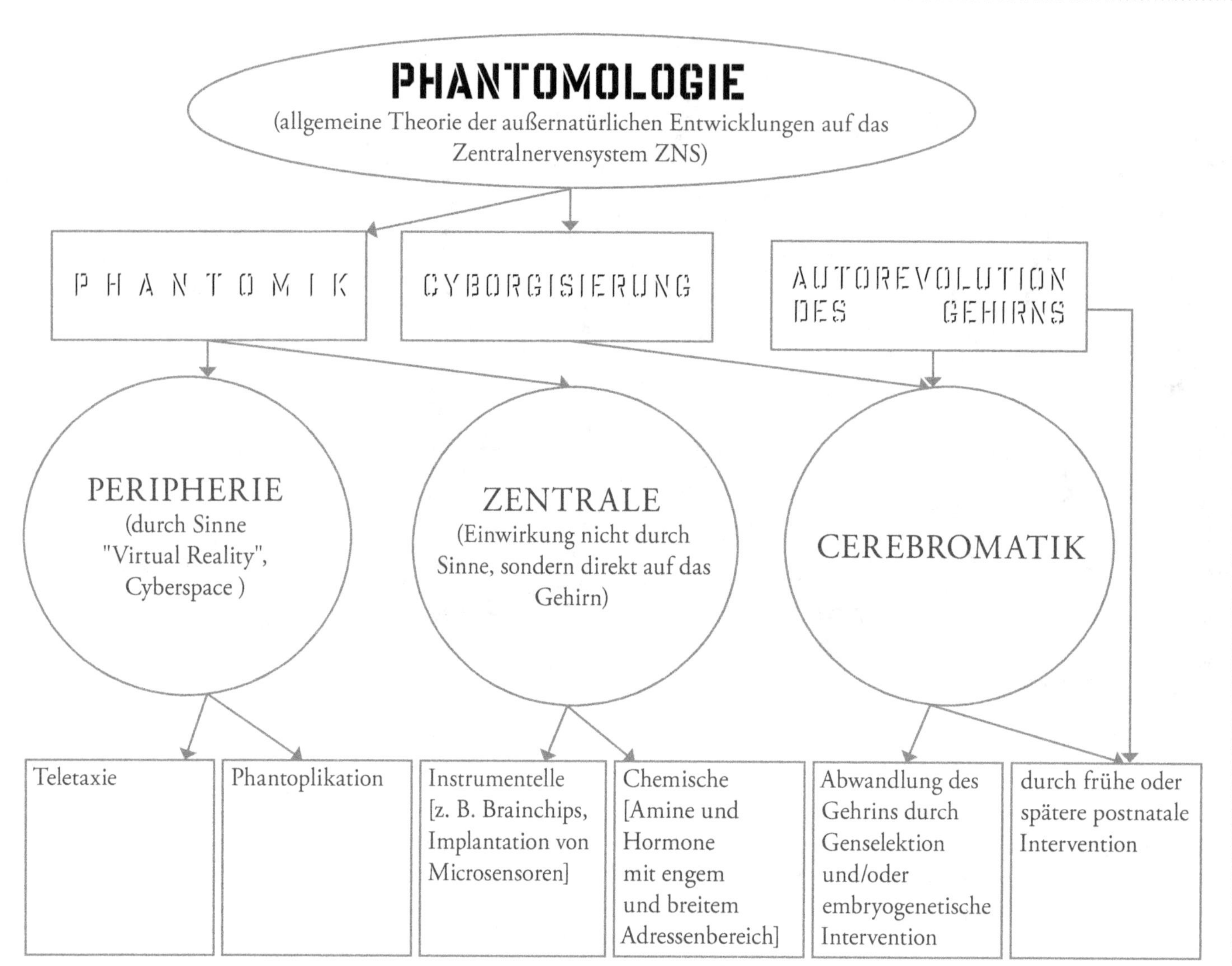

Überblick über phantomologische Techniken nach: *Lem, Stanislaus:* "Brain chips. Unsaubere Schnittstelle Mensch-Maschine"; in: Akademie zum dritten Jahrtausend (Hrsg.): "Mind Revolution. Schnittstelle Gehirn Computer;" Tagungspublikation (Europ. Patentamt vom 15.- 17. 2. 1995), München 1995, S. 58.

Als sich die Cognitve Science als Konglomerat von Einzelwissenschaften wie Neurophysiologie, Kognitionspsychologie, Erkenntnistehorie und KI (Künstliche-Intelligenz)-Forschung etablierte, hatte sich auch die Annahme durchgesetzt, Computersimulationen könnten über menschliche Kognition Aufschluss geben, bzw. alle kognitiven Prozesse könnten als informationsverarbeitende Prozesse verstanden werden. Weite Teile der Cognitive Science teilten also mit der KI das Paradigma der „physikalischen Symbolsysteme" und die Hoffnung, über Simulation ein Gesamtmodell der menschlichen Kognition gewinnen zu können. (vergl. Becker, S. 131ff)

Die Maschinenmetapher für menschliches Denken hat aber eine viel längere Tradition. Schon bei Leibnitz, Hobbes und Boole findet sich der Vergleich geistiger Prozesse mit Rechenoperationen. Freud hat hydraulische Erklärungen über die menschliche Psyche formuliert. Mit dem kybernetischen Regelkreis schienen nun endlich alle Probleme lösbar, um das Denken von seinem organischen Substrat zu lösen. Würde der menschliche Geist aus der grauen Gehirnmasse befreit, so hofften viele Techno-Visionäre, könnten Ingenieure endlich optimieren, was im evolutionären Prozess für moderne Zeiten nur unzulänglich hervorgebracht wurde und anachronistische Altlasten aussortieren. Persönlichkeit hielt man in cybereuphorischen Kreisen überdies für eine kulturelle Imagination, und selbst diese ließe sich laut „Memtheorie" - zumindest größtenteils – in artifizielle Intelligenz überführen.

Die „Memtheorie" ist Teil Richard Dawkins Überlegungen zur Evolutionstheorie. In seinem 1978 publizierten Buch „The Selfish Gene" hat er die Theorie entwickelt, Menschen seien bloß die Überlebensmaschinen egoistischer Gene. Ausgangspunkt für diese Idee war, dass Säugetiere in der Embryonalphase verblüffende Ähnlichkeiten aufweisen. Dawkins glaubt, dass dies auf eine gemeinsame Entwicklung im Archäozoikum hinweist. In der Anfangsphase der Erdgeschichte hätten sich in der Ursuppe aus kleinen Bausteinmolekülen stabile Moleküle gebildet, die er Replikatoren nennt. Diese hätten zwar die Fähigkeit zur Selbstreplikation ausgebildet, seien aber als ungeschützte Supermoleküle in der Ursuppe einem starken Konkurrenzdruck ausgesetzt gewesen. In einem späteren evolutionären Schritt der Replikatoren folgten Gene, die die Ausbildung von Körpern – Dawkins nennt sie „Überlebensmaschinen" – als Überlebensstrategie einsetzten.

Die Ausbildung eines menschlichen Gehirns ist aus Perspektive der egoistischen Gene ebenfalls eine bloße Überlebensstrategie. Die Fähigkeit des Problemlösens als imaginative Handlung bedeutet in vielerlei Hinsicht eine Überlegenheit gegenüber nicht-humanoiden Überlebensmaschinen. Dawkins gestand aufgrund der von Gehirnen generierten Bewusstseinsprozesse den Menschen auch eine gewisse Teilautonomie zu, aber letztlich seien sie nur „slaves" der höheren Instanz: der Gene, ihrem „master".

Akzeptiert man diesen nüchternen Zugang und sieht in menschlicher Phantasie, den Ideen und künstlerischem Schaffen usw., Nebenprodukte eines von Genen ferngesteuerten Fleisch-Panzers, ist auch die kulturelle Reproduktion eine rein funktionale Frage, die Dawkins in der „Memtheorie" etwa so erklärte:

> „Beispiele eines Mems sind Melodien, Gedanken, Schlagworte, Kleidermode, die Art Töpfe zu machen oder Bögen zu bauen. So wie Gene sich im Genpool vermehren, indem sie sich mit Hilfe von Spermien oder Eiern von Körper zu Körper fortbewegen, so verbreiten sich Meme im Mempool, indem sie von Gehirn zu Gehirn überspringen mit Hilfe eines Prozesses, den man im allgemeinen Sinn als Imitation bezeichnen kann." [9]

Wenn der Mensch also eine Überlebensmaschine sei, deren biologische Leistungsfähigkeit begrenzt und fehleranfällig ist, wäre es dann nicht logisch auf anorganische Replikation umzusatteln? Für Moravec wäre dies in Zukunft möglich, indem der „Geist aus dem Gehirn befreit" würde:

> "Man hat Ihr Corpus callosum durchtrennt und Kabel, die an einen externen Computer geschlossen sind, mit den durchtrennten Enden verbunden. Der Computer ist zunächst darauf programmiert, die Signale zwischen den beiden Hemisphären weiterzuleiten und diese Kommunikation abzuhören. Aus dem, was er dabei erfährt, entwickelt er ein Modell Ihrer geistigen Aktivitäten. Nach einiger Zeit beginnt er eigene Nachrichten in den Informationsfluß einzuschleusen. Er mischt sich in Ihr Denken ein; er stattet Sie mit neuem Wissen und neuen Fähigkeiten aus. Wenn dann im Alter die Leistung Ihres Originalgehirns nachläßt, übernimmt der Computer nahtlos die absterbenden Funktionen. Schließlich stirbt Ihr Gehirn, und Ihr Geist befindet sich vollständig im Computer. Vielleicht gibt es eines Tages hochauflösende Abtaster, daß auf alle blutigen chirurgischen Eingriffe verzichtet werden kann. Sie tragen dann nur noch eine Art Helm oder ein Stirnband, das mit Hilfe sorgfältig kontrollierter elektromagnetischer Felder die Kommunikation zwischen den Hemisphären kontrolliert und verändert." (Moravec 1990, S. 156)

In *Mind Children* legt Moravec die theoretische Überlegenheit der post-zerebralen Existenz mittels einer exakteren und langlebigeren Trägersubstanz nahe und schildert die Vorzüge der Emanzipation kognitiver Prozesse von der mangelhaften biologischen „wetware":

> "Ihre neuen Fähigkeiten werden zwangsläufig zu Veränderungen Ihrer Persönlichkeit führen. Viele davon werden entstehen, weil Sie absichtlich in Ihr eigenes Programm eingreifen. [...] Möglicherweise besteht eine der ersten Veränderung [...] darin, daß Sie den Beginn der Langeweile weit über jene Grenze hinausschieben, auf die man heute selbst bei den kopflastigsten Menschen stößt. Danach werden Sie feststellen, daß Sie auch an dem langwierigsten Problem gelassen arbeiten und es in allen Verästelungen untersuchen können." (Moravec, S. 159ff)

fragwürdigen Voraussetzungen, Implikationen und Brüche von Dawkins' Reduktionismuskonzept. Sie versuchen sich demgegenüber nicht an dem Nachweis, dass geistige und neurobiologische Prozesse im Allgemeinen nicht identisch sind." (S. 290)

13 In *Die Physik der Unsterblichkeit. Moderne Kosmologie, Gott und die Auferstehung der Toten*, vertrat Tipler, Professor für mathematische Physik, die These, dass im Endstadium der Welt lebende Trägerlebewesen alle bereits verstorbenen Lebewesen emulieren würden, als Teil einer Überlebensstrategie. Seine Forschungsarbeit wurde übrigens unter anderem auch mit Mitteln der österreichischen Bundesministeriums für Wissenschaft und Forschung gefördert.

14 Zumindest in den USA. In Deutschland und Österreich reagierten viele mit Beschwichtigungen, dass künstliche Intelligenz ohnehin nicht möglich sei.

15 vergl. Turkle, S. 335

16 Siehe dazu auch in dieser Ausgabe: „*Er ist der Father of Science Fiction." Ein Gespräch mit Peter Weibel über Hugo Gernsback.*

17 Burmeister/Steinmüller, S. 306

18 2006 ist es Stelarc nach eigenen Angaben gelungen einen teilweise lebendigen Kopf herzustellen. Vom *Partial Head* Projekt gibt es Bilder und Beschreibung auf der Homepage des Künstlers: <http://stelarc.org/?catID=20243>. 2010 wurde ihm die "goldene Nica" für ein am Unterarm eingepflanztes Ohr verliehen. Die "goldene Nica" ist ein Kunstpreis und wird in verschiedenen Kategorien am "Ars Electronica Festival" (Linz) verliehen. Mit dem Preis werden künstlerische Arbeiten im Bereich elektronischer Kunst prämiert. Der erste rechtlich anerkannte Cyborg ist er aber nicht. Diese Bezeichnung ist dem Briten Neil Harbisson als Ersten von seiner Regierung zuerkannt geworden. Der fehlsichtige Künstler hat sich am Kopf ein Implantat eingepflanzt, um Farben zu hören.

19 Über mehrere Jahre hat sich Orlan nach kunsthistorischen Schönheitsidealen operieren lassen; Aussehen wie Barby hatte Cindy Jackson als Idealziel ihrer Schönheitsoperationen-Performancekunst „puppet" vor Augen;

20 Kuni, 2005

21 Harraway, 1991, S. 181

Sharon Christa McAuliffe in der Schwerelosigkeit zur Vorbereitung für den "Take-Off" zur Raummission STS-51-L der Challenger am 28. Jänner 1986, dem letzten Flug der Challenger, die in der Erdatmosphäre verglühen wird. (© NASA 1986)

Aus meiner Sicht wäre es ein Irrtum, angesichts solcher Zitate vornehmlich einen kalkulierten theatralischen Marketingkniff des Autors zu vermuten. Anders als in Österreich und Deutschland wurde die Debatte um den Postbiologismus in den USA mit „militanter" [10] Härte auf unterschiedlichsten Bühnen ausgefochten. Populäre Buch-Bestseller, wie eingangs erwähnte, trafen auf eine ebenso erfolgreiche und nicht minder apokalyptisch argumentierende, akademische Autoren-Front, wo vor allem John R. Searle zu nennen ist, aber auch zum Beispiel Joseph Weizenbaum, Neil Postman oder Mike Slouka. Guggenberger schreibt über die Wahrnehmung dieser Diskussion in Deutschland:

> „Kaum jemand hierzulande ist auch nur in Ansätzen über die Dimensionen dessen informiert, was in der amerikanischen College- und Computerszene ganz alltäglich verhandelt wird, was sich in den keineswegs nur esoterischen Zirkeln der Hirnforscher, auf Kongressen über Robotik und Artificial Intelligence abspielt und was – last but not least – in den Visionen der Biotechnologen, der Gen- und Verhaltensbiologen in großer Deutlichkeit und aller Unverblümtheit sich abzeichnet." [11]

Das ultimative Projekt, das eine postbiologische Existenz in greifbare Nähe rückt und Guggenberger hier anspricht, das weithin offen Debattiert wurde und um das richtungsweisende Großprojekte kreisten, war nichts weniger als – zumindest geistige – „Immortality".

DAWKINS UND DIE INGENIEURE DER ZUKUNFT

Dawkins Werk wurde 1976 (dt. 1978) in Fachkreisen intensiv diskutiert. Darüber hinausgehende Bedeutung erhielt seine Theorie aber vor allem in den 1980er und 1990er Jahren durch Personen wie Stanislaus Lem in *Golem XIV* (1981, dt. 1984), Hans Moravec oder Frank J. Tipler. 1995 wurde Dawkins als Professor an die University of Oxford berufen, was dessen Theorien sicher zusätzlich Gewicht verlieh.

In der Person Dawkins verknüpfen sich mehrere Linien, der postmodernen Gehirn-Utopien. Er legte wichtige theoretische Grundlagen aus, die das Paradigma der Einheit von „mind and matter" transzendierten.[12] Dadurch war eine wichtige Basis für die Idee des Postbiologismus ausgelegt. Dawkins ist auch ein wichtiger ideologischer Vorreiter als Mitglied und Aushängeschild der Brights-Bewegung, einer Atheistenlobby, die vor dem Problem der Endlichkeit alles Menschlichen nicht kapitulieren will. Schließlich ist die Hoffnung auf Auferstehung und ewiges Leben kein bloßer Mythos mehr, sondern ein Mechanismus, der 1995 von Frank J. Tipler, mit zahlreichen Verweisen auf Dawkins und Moravec, „bewiesen" [13] wurde.

Mit Dawkins wird Evolution eine Kette, die nicht notwendigerweise auf biologische Mutation beschränkt ist. Und was kommt nach dem biologischen Menschen? Mit Marvin Minsky, einem der leidenschaftlichsten Proponenten der menschlichen Unsterblichkeit, wird das Projekt „Man-Made Evolution" nicht nur am MIT Media Lab vorangetrieben, die transhumanistische Idee ist bereits als Alternative zur Biologie an den wichtigsten Zentren der KI-Forschung, wie Stanford, Pittsburgh oder Cambridge, fest etabliert. Es wird über einverleibte Technologie diskutiert, im Gehirn eingepflanzte Chips, Hirnstimulation und neuronale Selbstmanipulation.

Die Vehemenz in den öffentlichen Debatten wiederum, mit der auf die im Raum stehende, post-biologische Evolution reagiert wurde[14] zeigt, welch große Bedeutung es hatte, die Trennung zwischen dem Natürlichen und dem Künstlichen, zwischen dem Menschlichen und seinen Maschinen aufrecht zu erhalten. Die Diskussion war emotional sehr aufgeladen, denn sie führte zu der Frage, was eigentlich das Besondere am Menschen sei,[15] und was sich in der Verbindung mit Maschinen an diesem „Besonderen" verändert.

DIE ZUKUNFT IM UNIVERSUM DER INTELLIGENTEN MASCHINEN UND SEINE INSZENIERUNG

Die Argumentationskraft des Postbiologismus erhielt zusätzlich Nahrung, als Eric Drexler 1986 mit *Engines of Creation* in Erscheinung trat. Marvin Minsky, der Drexlers Promotion am MIT betreute, verbreitete phantastische Vorstellungen über die Zukunft mit nanotechnologischen Wundermaschinen (ähnlich sie wie z. B. oben bei McGinn zitiert). Vereint durch eine reduktionistische Maschinenmetapher hatten Kybernetik, künstliche Intelligenz, Robotik und Nanotechnologie ein kohärentes utopisches Weltbild definiert, das sowohl wissenschaftliche Rezensenten als auch ein Massenpublikum in den Bann zog. Innerhalb der Maschinenmetapher fand der gesamte biologische Kosmos platz. Es galt die Komplexität soweit zu reduzieren, bis replizierbare Information übrig bleibt. Das menschliche Gehirn, ja der Mensch selber, ebenso wie jeder andere biologische Organismus könnte in einzelne Bausteine bis auf elementare Teilchen zerlegt und nach Bauplan – bzw. besser, also technisch überformt – wieder zusammengesetzt werden.

Die Überzeugungskraft dieser auf Überwindung des bio-organismischen Lebens gerichte-

ten Technoeschatologie speiste sich auch aus der fulminanten Inszenierung dieser Utopie. Mit *Neuromancer* legte William Gibson[16] 1984 den populären Grundstein für das Cyberpunk-Genre[17] in dem die Ideen Moravecs deutlich erkennbar sind und sich zu einer breiten Modeströmung entwickelte, die etwa in Filmen wie *Matrix* (1999, Wachowski-Geschwister) oder von Künstlern wie Billy Idol (Album *Cyberpunk*, 1993) aufgegriffen wurden. Moravec selbst war 1989 Berater bei Orion Pictures für den Hollywood-Blockbuster *Robocop II* und 1997 wurde er von Paramount Pictures für *Mission Impossible II* engagiert.

Künstler, wie Stelarc, ein unerschrockener Performance-Künstler und Teilzeit-Cyborg, lieferten seit Anfang der 1990er Bilder, die kulturbeflissenen Techno-Apologeten weltweit wohlige Schauer bereiteten. 1997 trat er in Linz mit der Performance *Parasite* als hochgergerüsteter Cyborg mit Roboter-Arm auf, wobei seine fleischlichen Arme und ein Bein elektronisch ferngesteuert stimuliert wurden.[18] Das Cyborg-Thema war in Kunstkreisen überhaupt sehr präsent und wurde auch von Performance-Künstlerinnen wie Orlan oder Cindy Jackson[19], die ihre Körper als Artefakt betrachteten, das sie chirurgisch formten, aus feministischer Sicht reflektiert. Ihr Credo: *„This is the ultimate feminist statement. I refuse to let nature decide my fate just because I missed out on the genetic lottery."* oder *„Mein Körper ist meine Software."* [20] Auch Donna Harraway bekannte: *„I'd rather be a Cyborg than a Godess."* [21]

Die Cyborg-Idee stellte eine neue Alternative des Menschen im Raum. Die Loslösung aus biologischer Determiniertheit macht Ich-Bewusstsein, Identität, Geschlecht, Individualität obsolet. Fortschritt in dieser Gedankenwelt versprach Optimierung indem kultureller Ballast – z.B. individuelles Bewusstsein – über Bord geworfen wird und im Cyborg eine neue Spezies entstehen könnte, befreit von ethisch-moralischen oder biologischen Zwängen. Es ist ja gerade nicht das „Heilen" menschlicher Schwächen, sondern das Überwinden des Menschen, das im Cyborg versprochen wird. Überwinden des Geschlechts etwa, oder auch Überwinden der Beschränktheit einer im Körper gefangenen, kulturell konstruierten Identität.

»

22 Kurzweil schließt hier an sein 1990 veröffentlichtes Werk *The Age of Intelligent Machines* an. „Intelligente" und „selbstbewusste" Computer erwartet er bis zum Jahr 2099; der Fortschritt würde sich in zahlreichen kleinen Schritten, etwa in Verbesserungsmöglichkeiten der menschlichen Kognitions- und Wahrnehmungsfähigkeiten, durch neuronale Implantate u. ä., Schritt für Schritt anbahnen.

23 Uerz, S. 405, Fn 100

24 Alias „Unabomber". Er wurde 1998 zu lebenslanger Haft verurteilt. Im Magazin *The Atlantic* schreibt ein ehemaliger Harvard-Kommilitone Kaczynskis, Alston Chase, dass ursprünglich das Unabomber-Manifest als das Werk eines intelligenten, gebildeten Menschen, gar eines Genies, gehandelt wurde. In *The New Yorker* wurde der Unabomber gar mit Dostojewskis Raskolnikoff verglichen. Erst als Kaczynski überführt wurde und seine Familie und Anwalt Unzurechnungsfähigkeit kolportierten, um die Todesstrafe abzuwenden, hätte sich die Rezeption geändert. Chase fügt dem Fall Unabomber noch eine weitere tragische Ebene hinzu: Kaczynski sei selbst vielleicht Opfer der Wissenschaft, da er als junger Harvard-Student für mehr als fragwürdige psychologische Experimente, die wahrscheinlich gezielte Destabilisierungsmethoden erprobten, von Henry A. Murray herangezogen wurde. Murray, der auch für OSS tätig war, startete wahrscheinlich 1959 mit seinen „multi assessments" an Studenten. Später, 1960, stieß auch Timothy Leary dazu, der LSD und Psilocybin getestet haben soll. (Chase, The Atlantic, Juni 2000) Alston Chase hat zwei Bücher über den Fall veröffentlicht: Harvard and the Unabomber. The Education of an American Terrorist (2003); A Mind for Murder (2004);

25 Joy war Mitbegründer von *Sun Microsystems*. Mittlerweile dürfte sich auch Bill Joy mit der „Unaufhaltsamkeit" des technischen Fortschritts arrangiert haben. Heute managed er Investment-Fonds, die sich auf Techno-Start-Ups, u. a. in Nanotechnologie, spezialisiert haben.

26 Vielleicht als Anspielung auf den Titel des Unabomber-Manifests: „Die Insdustrielle Gesellschaft und ihre Zukunft"?

27 z. B. auch Fröhlich G. (1997, S. 210ff); oder Grübel G., Institut f. Theoretische Physik TU Graz, bei einem Vortrag an der

Raummission STS-51-L: Als am 28. Jänner 1986 die Challenger mit sieben Crew-Mitgliedern an Bord kurz nach dem Start explodierte, entstand dieses Foto. Nach bisher 50 geglückten Raum-Missionen verfolgte die amerikanische Öffentlichkeit das erste tödliche Unglück - ungläubig und schockiert - life im Fernsehen. Das Challenger-Programm wurde daraufhin stillgelegt. (© NASA, 1987)

Derartige Utopien galten vielfach als Monstrosität. Gerade deswegen aber erschienen sie auch als ungefährlich, da es sich (oberflächlich betrachtet) um wirre Mad-Scientist-Ideen handelt. Schnell verschwanden diese Utopien auch aus dem öffentlichen Bewusstsein im beginnenden 21. Jahrhundert. Als sich Kurzweil 1999 mit *The Age of Spiritual Machines* zu Wort meldete[22], kam es noch einmal zu einer breiteren Diskussion, doch eine ernsthafte Auseinandersetzung mit den radikalen Proponenten der Techno-Utopien blieb aus.[23] Nachdem Ted Kaczynski[24] als bislang letzter verrückter Maschinenstürmer verurteilt war, war einer ernsthaften Debatte vielleicht der Boden entzogen. Bill Joy[25] wagte noch mit *Warum die Zukunft uns nicht braucht*[26] eine technikkritische Auseinandersetzung und den Verzicht auf Fortschritt als einzig möglichen Ausweg aus einer dystopischen Entwicklung in den Raum zu stellen. Doch solch steuerungsoptimistische Ideen schienen, bzw. scheinen, in pluralistischen, aufgeklärten Demokratien als ebenso krude Idee wie die radikalen Utopien.

WIE MENSCHLICH WIRD DER NEO-MENSCH?

Die, die sich noch ernsthaft mit den Zukunftsvorstellungen von Moravec, Kurzweil usw. auseinandersetzten, witterten in der Regel Forschungsmarketing als Kalkül dieser exzentrischen Publikationen[27]. Darüber hinaus machten Verbindungen zu quasireligiösen Sekten, die diese Zukunftsvisionen in ihre je eigene Erlösungsphantasien integrierten, diese zusätzlich fragwürdig. Die Extropianisten[28] etwa praktizieren Selbstoptimierungs- und Selbstransformationstechiken von Bodybuilding über Anwendung von Anti-Aging-Präparaten bis zum Schlucken von Smart Drugs. Dem „Extropian Instiute" sowie Alcor, internationaler Marktführer in Kryonik, gehören Minsky, Tipler, Moravec, Kurzweil, Drexler als "Friends" oder Berater an.[29]

Den sehr diesseitig orientierten Extropianern stehen Bewegungen gegenüber, die in Verbindung mit extraterrestrischen Wesen Heil erwarten. Die Realianer zum Beispiel glauben an Unsterblichkeit durch Klonierung. Diese Variante der Unsterblichkeit wurde auch von Moravec in Betracht gezogen, zumindest als Übergangslösung. Weihnachten 2002 erregte die Sekte aufsehen, als Clonaid – geleitet von der Realianerin Brigitte Boisselier – meldete, das erste Klon-Baby namens Eve erzeugt zu haben. Michel Houellebecq kam mit den Ralianern in Kontakt und malte auf dieser Grundlage in *Die Möglichkeit einer Insel* ein – meiner persönlichen Meinung nach – sehr kluges Szenario zur technikgläubigen Zukunft:

Erschrocken vom unabwendbaren Schicksal langsamen dahinalterns in Einsamkeit beschließt Daniel, ein reicher französischer Humorist der Gegenwart, seinen Selbstmord. Als Mitglied der „Elohim"-Jünger wird er (und sein Hund) geklont und sein zuvor verfasster Lebensbericht soll als Identitätsgrundlage von seinen nachfolgenden Klon-Alter-Egos studiert und kommentiert wer-

Ein Wrackteil der Challanger wird vom Kennedy Space Center abtransportiert. Die eingesammelten Teile werden seither in Cape Canaveral gelagert. (© NASA, 1987)

den. Aber schon in der vierten Folgegeneration kann der neue Klon zentrale Sinnzusammenhänge nicht mehr verstehen. In der unendlichen Kette aus Tod und Wiederkehr löst sich das individuelle Leiden und seine Apologie in stetig zunehmender Bedeutungslosigkeit auf.

Ob Cyborg, Klone oder rematerialisierte Wesen, wie sie Tipler in Vorschlag brachte – den Apologeten der diversen Immortality-Konzepte schien ihr gegenwärtiges Wissen und Denken von mindestens ebensolcher unvergänglicher Bedeutung. Sie setzten ihre jeweilige Gegenwart als absolut, sowohl für die Zukunft als auch Vergangenheit.[30] Warum sollten, wie Tipler vorschlägt, Menschen begleitet von ihren Haustieren wiederkehren? Mit dem Begriff *linguistische Evolution* versuchte Lem demgegenüber der Historizität und der organischen Gebundenheit des Denkens Rechnung zu tragen.

Den euphorischen Techno-Utopien, begegnete u. a. Fröhlich mit Skepsis: "Wenn menschliche Körper so ungenügend sind, menschliches Wissen veraltet, warum sollte dies erhalten werden?"[31] Gesetzt der Fall, durch

Klonen würden perfektionierte Wesen entstehen mit post-biologischem hyperpotenten Gehirnen, warum sollten sie überhaupt noch etwas wollen? Im Prozess der Perfektionierung würden ja auch die evolutionären Altlasten, wie die meisten Gefühle und Appetenz, eliminiert. Schon das Gefühl der Langeweile wäre wahrscheinlich als völlig überflüssig anzusehen und würde schnell getilgt werden.

Houellebecq bezweifelt wahrscheinlich, dass diese emotionale Verarmung als Rückschritt betrachtet würde. So vertraut „Daniel1" seinen Klon-Nachfolgern an, dass er noch zu den Menschen gehöre, die wenigstens ein oder zwei Mal im Leben geliebt hätten. Die meisten Menschen hätten diese Erfahrung nicht mehr gemacht – und sie vermissen dies auch nicht. Letztlich – als konsequente Erlösung von Schmerz stünde ja die Befreiung von Verlangen – ist dann fraglich, woher irgend eine Handlungsmotivation herrühren könnte. Intelligenz reicht dazu nicht aus.

„... allein die Tatsache zu leben ist schon ein Unglück." lässt Houellebecq des Humoristen letzten Erben, Daniel25, aufzeichnen.   «

VHS Bregenz (12. 10. 1995); Auch Uerz argumentiert, dass vermutlich u. a. eine Überbietungsstragegie bei diesen Publikationen ein Rolle spielt. Im Wettlauf um Forschungsgelder und Investoren setzte man wahrscheinlich auf das Argument der phantastischen Möglichkeiten eines ohnehin unaufhaltsamen Fortschritts: „Wer angesichts der zu erwartenden Entwicklungen in dem Forschungsverbundsystem Kybernetik, KI, Robotik und Nanotechnologie weiterhin auf „das Fleisch" setzte, hatte [...] nicht verstanden, was „der Mensch" eigentlich sei [...], setzte auf das falsche Substrat und falsche Verfahren, [...]." (Uerz, S. 407)

28 siehe u.a. Uerz; S. 409ff

29 vergl. Uerz, S. 409

30 Tipler meinte, dass die künftigen Superintelligenzen uns alle – inklusive unserer Haustiere – auferstehen lassen würden. Timothy Leary träumte davon, Platon wiederzuerwecken und mit ihm zu plaudern. Die Realianer dagegen wünschen ultimative Gerechtigkeit und wollen Hitler der weltlichen Gerichtsbarkeit zuführen.

31 Siehe Fröhlich, S. 198

LITERATUR

Azghadi, MR / Moradi, Saber / Indiveri, Giacomo: "Programmable Neuromorphic Circuits for Spike-Based Neural Dynamics"; 11th IEEE International new Circuits and Systems Conference Paper, Juni 2013

Baudrillard, Jean: „Videowelt und fraktales Subjekt"; in: Barck, Karlheinz (Hg.): „Aisthesis: Wahrnehmung heute oder Perspektiven einer anderen Ästhetik; Essais;" Reclam, 2002 (7. Auflage; 1. Auflage 1990)

Becker, Barbara: „Künstliche Intelligenz. Konzepte, Systeme, Verheißungen;" Campus, 1992

Burmeister, Klaus / Steinmüller, Karlheinz: „Streifzüge ins Übermorgen. Science fiction und Zukunftsforschung"; Beltz Verlag, 1992

Chase, Alston: "Harvard and the Making of the Unabomber"; The Atlantic, Juni 2000; Volume 285, No. 6; S. 41-65; http://www.theatlantic.com/past/docs/issues/2000/06/chase.htm Rev. 2014-03-08

Dawkins, Richard: „Das egoistische Gen." Spektrum, 1994

Fröhlich, Gerhard (1997): „Techno-Utopien der Unsterblichkeit aus Informatik und Physik"; in: Becker, U. et al. (Hg.); Sterben und Tod in Europa; Neukirchener Verlag; <http://www.iwp.jku.at/lxe/wt2k/pdf/TechnoUtopUnsterb.pdf> 2014-03-07

Gershenfeld, Neil: "When Tings start to think." Holt, 2000

Gibson, William: "Neuromancer." Heyne,

Grübl, Gebhard: „Über Frank J. Tiplers "Physik der Unsterblichkeit"; Vortrag an der Volkshochschule Bregenz, 12. Oktober 1995; <http://www.uibk.ac.at/th-physik/fth/teaching/scripts/tipler.html> 2014-03-08

Guggenberger, Bernd: „Das digitale Nirwana." Rotbuch Verlag, 1997

Haraway, Donna: A "Cyborg Manifesto: Science, Technology, and Socialist Feminism in the Late Twentieth Century;" in: dies.: Simians, Cyborgs and Women: The Reinvention of Nature, New York 1991

Houellebecq, Michel; „Die Möglichkeit einer Insel." DuMont, 2005

Joy, Bill: "Warum die Zukunft uns nicht braucht" deutsche Version seines Essays aus Wired (April 2000), abgedruckt in der FAZ am 6. Juni 2000; <http://www.km21.org/23rd-century/billjoy_0600.htm#top> 2014-03-07

Kuni, Verena: Cyborg_Configurationen. Formationen der (Selbst-)Schöpfung im Imaginationsraum technologischer Kreation. Teil II: Monströse Versprechen und posthumane Anthropomorphismen; in: MedienKunstNetz, Hrsg. Dieter Daniels/Rudolf Frieling, Bd. II, Wien/New York 2005; <http://www.medienkunstnetz.de/themen/cyborg_bodies/mythische-koerper_II/8/> 2014-03-07

Kurzweil, Ray: "The Age of Spiritual Machines. When Computers Exceed Human Intelligence;" Viking, 1999

Lem, Stanislaus: „Also sprach Golem." Suhrkamp, 1986

McGinn, Colin: "Hello, HAL", New York Times, 3. Jänner 1999; <http://www.nytimes.com/books/99/01/03/reviews/990103.03mcginnt.html> 2014-03-07

Moravec, Hans: „Mind Children. Der Wettlauf zwischen menschlicher und künstlicher Intelligenz;" Hoffmann und Campe, 1990 (Orig.: "Mind Children. The Future of Robot and Human Intelligence;" Harvard University Press, 1990)

Moravec, Hans: "Cyber Pigs." 1992 <http://www.frc.ri.cmu.edu/users/hpm/project.archive/general.articles/1992/CyberPigs.html> 2014-03-07

Moravec, Hans: „Computer übernehmen die Macht. Vom Siegeszug der künstlichen Intelligenz;" Hoffmann und Campe, 1999

Peetz, Katharina: „Der Dawkins-Diskurs in Theologie, Philosophie und Naturwissenschaften;" Vandenhoeck & Ruprecht, Göttingen, 2013

Penrose, Roger er al.: „Das Große, das Kleine und der menschliche Geist." Spektrum Akademischer Verlag, 2002

Postman, Neil: „Wir amüsieren uns zu Tode. Urteilsbildung im Zeitalter der Unterhaltungsindustrie;" Neuauflage bei Fischer-Taschenbuch, 2008 (1991)

Searle, John R.: „Rationalität und Realismus oder Was auf dem Spiel steht;" in: Merkur. Deutsche Zeitschrift für europäisches Denken 48, 1994

Slouka, Mike: "War of the Worlds. Cyberspace And The High-tech Assault On Reality;" Basic Books, 1996

Tipler, Frank J.: „Die Physik der Unsterblichkeit. Moderne Kosmologie, Gott und die Auferstehung der Toten;" Piper, 1994

Trallori, Lisbeth N.: „Die Eroberung des Lebens. Technik und Gesellschaft an der Wende zum 21. Jahrhundert;" Verlag für Gesellschaftskritik, 1996

Turkle, Sherry: „Die Wunschmaschine. Vom Entstehen der Computerkultur;" Rowohlt, 1984

Uerz, Gereon: „Übermorgen. Zukunftsvorstellungen als Elemente der Gesellschaftlichen Konstruktion der Wirklichkeit."; Wilhelm Fink Verlag, 2006

Weizenbaum, Joseph: „Die Macht der Computer und die Ohnmacht der Vernunft." Suhrkamp, Neuauflage 2003 (1978)

LEMS SUMMA TECHNOLOGIAE (1964)

Lfd. Nr.	Technologie	Seite	Kurzbeschreibung	Literatur	Probleme	Ansätze
1.	Phantoplikation	367	Anschluß mehrerer Personen an d. Nervenbahnen anderer Personen ohne Steuerungsmöglichkeit	"Nekroskop" in 7	Verschmelzung von Bewußtsein (Identitätsproblem)	TV
2.	Teletaxie	365	Anschluß an beliebige Realitäten durch Sensoren aller Art	./.	Kontrollmöglichkeit für zentrale Instanzen	- Monitorsysteme
3.	Cerebromatik	356	Einwirkung auf neutrale Struktur des Gehirns durch genetische oder chemische Manipulation	54 82	- Programmierung von Menschen - Entindividualisierung durch Pazifizierung	- Gentechnologie - Drogenexperimente - Fluorisierung
4.	Zentrale Phantomatik	342 ff	Unmittelbare Einwirkung auf die entsprechende Hirnzentren	76	Verlust d. Trennlinie von "künstlich" und "echt"; Nachlassen d. Normenbewußtseins u. d. Selbstkontollmöglichkeiten, -Manipulationsmöglichkeiten	Drogenexperimente
5.	Periphere Phantomatik	321 ff	Rückgekoppeltes System der Informationsübertragung zwischen einem Empfänger und einer künstlichen Realität durch Umsetzen der Reize in Reaktionen der Umgebung und entsprechende Stimulation der Sensoren	66 (hier allerdings mehrere Empfänger); "Traumak" in 49; "Tobine" in 90	wie 4.	- Wirkung von Massenmedien - Interaktivität von Massenmedien/Publikum
6.	Extelopädie	./.	Enzyklopädie, die zukünftige Entwicklung in einer prognostizierten Sprache voraussagt und sich ständig überarbeitet	81	Erkenntnistheoretische Probleme	- Neue Medien - Futurologie
7.	Intelligenzverstärker	158	Rechner, deren Aufgaben hauptsächlich in der Erledigung von Routineproblemen besteht, die aber auch schon zur systematischen Produktion von Vielfalt herangezogen werden	14-17; 55	Soziale (Arbeitsplatz, Kontrolle) und kulturelle (Entmenschlichung, instrumentelle Rationalität) Folgen (dies sind z.T. Probleme der Anwendung und keine d.Technik inhärente Eigenschaften)	Rechner
8.	Gnostischer Kreator	238	Schaffung von Systemen mit beliebig hohen Komplexitätsgraden z.T. unbekannter Funktionsweise und den Menschen übersteigenden Fähigkeiten	71 75 70 80	-Eine black box ist per definitionem unberechenbar; ein algorithmischer, durchgeplanter, aber dem Menschen überlegener Automat ist denkbar; -Kontrolle der Maschine -Integration mit Menschen -"Irrationalismen" (Rechnerneurosen)	- Netze - Rechnerhierarchien
9.	Züchtung von Informationen	398 insb. 434 ff	Generierung von Theorien durch modellhafte Abbildung der Ausgangsbedingungen in einem genetischem Code. Dessen Ausprägung sind die Lösungen/Theorien, die durch die Züchtung/Selektion der Mutation verfeinert werden	79	-Voraussetzungen werden nicht genannt (Organisationsfähigkeit, Kommunikationsfähigkeit der Biomasse)	- Evolutionstechnik - Biogenetik - Neuronenrechner
10.	Kybernetische Soziologie	184	Sicherung d. Soziostase durch geplante gesellschaftl. Rückkopplungsschleifen	57 82	Verlust an Gestaltbarkeit Verlust an Individualität	- Sozialtechnologien; - Planung
11.	Ingenieurstechnik der Sinngebung und Werte	198	Wie 10. eine Sozialtechnologie, die nicht an Artefakte gebunden ist. Sie hat d. geplante Institution wünschenswerter Orientierungen zum Inhalt	50	Übermittlungsprobleme, Verbindlichkeitsfragen Manipulationsgefahr	- geplante Religiosität (Sekten) - Verordnete Konsensbildung
12.	Universeller Homöostat	187	Automat zur Regelung aller Vorgänge eines Bereichs bis hin zur experimentellen Metaphysik	"Klimbiszit" in: 76, 64	-Gefahr, daß die Rationalität des U.H. nicht der der Menschheit entspricht	- Simulationsmodell; Rechneranwendung in Politik u.Wirtschaf
13.	Prothetik	583	Ersatz von defekten Organen durch künstliche Prothesen; dies kann bis zur fast völligen Ersetzung gehen	24	Identitätsprobleme; Folgeprobleme durch Auflösung d. Grenze von "echt"u."künstl."	- Organtransplantation - Prothesen
14.	Cyborgisierung	583	Umstrukturierung von Menschen zur besseren Anpassung an problematische Situationen		-Irreversibilität -Schichtungsproblem (Festschreibung gesellschaftlicher Arbeitsteilung)	- Ausrüstungen bei Unternehmungen
15.	Cloning		Reproduktion durch nicht sexuelle Fortpflanzung mit identischer Erbsubstanz	68	-Züchtung von Heloten	- Mäuse- und Frösche-Cloning
16.	Kopierung	372	Identische Rekonstruktion eines Objektes durch hinreichend feine Informationsaufzeichnungen (atomare Kopie)	22; 48 58; 63	-Informationstheoretische Schwierigkeiten (Rauschen) Übermittlungsfehler -Unschärferelation macht eine atomare Kopie möglich -Relativierung des Identitätsbegriffs	- Holographie
17.	Kosmogenie	474	Schaffung kompletter Welten als in sich geschachtelte Systeme mit z.T. eigenen Gesetzen	74, 66 59	-Unmöglichkeit geschlossener Systeme Unendlicher Regress	- Labor - Experimentalwelten - Bauklotzwelten

Hennings, R. D. et al. (Hg.): Informations- und Kommunikationsstrukturen der Zukunft. Workshop mit Stanislaw Lem, München, 1983, S. 31ff

CARTOON

"We're not going to Roswell again. It's such a tourist trap."

XING - Ein Kulturmagazin
Es war einmal die Zukunft. Schwerpunkt: Zukunftsforschung.

Heft 26, Jahrgang 09, 2013/14

XING Büro zur Förderung von Kultur- und Wissenschaftskommunikation
Herausgeber: Bernhard Seyringer
Recherche & inhaltliche Kooperation: MRV Media Research Vienna;
Dank für die Bildstrecke dieser Ausgabe an die NASA, Office of Communications, Washington, DC;
Druck: DBL, Bad Leonfelden, Dank an Fr. Breuer
unterstützt von: Institut für Kulturförderung des Landes OÖ &
Kulturamt der Stadt Linz

Einzelheft: 15 Euro + Versandkosten
Verkauf in ausgewählten Buchhandlungen und öffentlichen Institutionen,
Details unter xing.curbs.at
Bank Austria Creditanstalt : BLZ 12000 KtoNr 50109836701
Verlag & Redaktionsadresse: xing@curbs.at, XING c/o JKU-Inst. Päd./Psych.,
Altenbergerstraße 69, 4040 Linz
ISSN 2075-2539